AMRA

Pavlina Klemm

Lichtbotschaften von den Plejaden 9

Erwachen im Licht der Freiheit

mit zahlreichen Übungen!

AMRA

Besuchen Sie unseren Shop:
www.AmraVerlag.de

Ihre 80-Minuten-Gratis-CD erwartet Sie.
Unser Geschenk an Sie … einfach anfordern!

Eine Originalausgabe im AMRA Verlag
Hotline: + 49 (0) 61 81 – 18 93 92
Kundendienst: Info@AmraVerlag.de

Herausgeber & Lektor	Michael Nagula
Einbandgestaltung	Guter Punkt
Layout & Satz	Birgit Letsch
Autorenfoto	Melanie Daoud
Druck	Tschechien

Kostenloses Selbstliebe-Webinar auf www.Selbstliebe-Webinar.de

ISBN 978-3-95447-571-1 (Buch)
ISBN 978-3-95447-573-5 (eBook)
ISBN 978-3-95447-572-8 (Hörbuch)
ISBN 978-3-95447-570-4 (Kartenset)
ISBN 978-3-95447-574-2 (Übungs-CD 10)

Auswahl weiterer Titel von Pavlina außerhalb der Plejadenreihe:
Heilsymbole & Zahlenreihen 1 & 2. Arbeitsbücher der Plejadenheilung
Heilsymbole & Zahlenreihen 1 & 2. Sets mit 44 Karten und Begleitbuch
Channeln lernen unter Einbezug der 5. Herzkammer (Ausbildungs-CD)
Energetischer Schutz und Gesundheit deines Körpers (Virenschutz-CD)
Neuanbindung der Seele. Rückholung verlorener Anteile (Doppel-CD)
Heile deine Chakren. Reinigung für das Große Erwachen (Doppel-CD)
Selbstliebe. Heilung auf allen Ebenen. Reinheit des Herzens (Doppel-CD)
Die Blume des Lebens. Botschaft der Plejader (CD mit Michael Reimann)
Transformation gemeinsam erleben (Doppel-DVD mit Bühnenauftritt)

Für alle Wesen, die sich entschieden haben,
in den eigenen Heiligen Herzensraum
der Freiheit einzusteigen.

Inhalt

Liebe Leserin, lieber Leser!

Ich grüße euch alle ganz herzlich.

Mit diesen Worten teile ich euch meine große Freude darüber mit, dass ich dank des Buches, das ihr gerade in Händen haltet, in eure Gedankenwelt eintreten und mit dem Licht eurer Seele in Verbindung treten darf.

Jedes Mal, bevor ich ein neues Buch anfange, gehe ich voller Begeisterung und in Erwartung der zukünftigen Texte in ein Schreibwarengeschäft. Von klein auf liebe ich den Duft von Papier und von Büchern. Intuitiv lasse ich mich dort immer bei der Wahl eines neuen Schreibhefts inspirieren, das mir zur Niederschrift der Durchsagen der plejadischen Wesen dienen soll. Die einzelnen Hefte für die Manuskripte der verschiedenen Bücher haben unterschiedliche Farben und Motive. Für das hier vorliegende Buch habe ich einen rosafarbenen Umschlag mit einem silbernen Rand ausgesucht.

Und als ich anfing mit den Plejadern zu kommunizieren und die Botschaften und Übungen für das neue Buch zu empfangen, teilten sie mir sofort mit, dass es vor allem um Liebe und um die Möglichkeiten gehen wird, die uns die Liebe und ihre besondere Frequenz schenkt. So habe ich gleich begriffen, dass die rosa Farbe des Hefts genau die richtige Wahl war. ☺

Die Frequenz der Liebe zieht sich von Anfang bis Ende durch dieses wundervolle neue Buch. Die Liebe ist – wie die Plejader nicht müde werden, uns immer wieder mitzuteilen – die stärkste positive Frequenz und eine Größe, die alles heilen kann. Liebe heilt uns und Liebe führt uns zum Erwachen im Licht der Freiheit – was für ein wichtiges Motto für diese Zeit!

Auch in diesem Buch begleiten die Plejader uns wieder »Schritt für Schritt« zu unserer Heilung, unserem Verständnis und zum Auffinden des Lichts und der Freiheit in unserer Seele. Erneut haben sie uns eine riesige Menge Informationen an die Hand gegeben, die uns hilft, unser eigenes Wesen und die Essenz der umgebenden Welt zu verstehen. Sie helfen uns, alles Wichtige zu erfahren, damit wir uns auf uns selbst verlassen können und Antworten nicht mehr bei anderen oder sonstwo erst mühsam suchen müssen.

Eine besondere Freude ist es mir, dass Vilalata, die weise junge Plejaderin aus Band 8, sich in diesem Buch wieder zu Wort meldet. Sie führt uns mit der ausdrücklichen Absicht durch ihre Texte und Informationen, dass wir das Channeln und die Kommunikation mit den Lichtwesen trainieren. Sie hilft uns, Angst loszuwerden, die unsere Herzen bindet und uns an der Selbstliebe und Kommunikation mit der Lichtwelt hindert. Die Energien, die Vilalata durch ihre Worte überträgt, sind wunderbar wärmend und mit unermesslicher Liebe aufgeladen. Ihr ganzes Wesen ist ein Synonym für Liebe. Sie tritt oft in die Engelwelten ein, und so strahlt die Engelsliebe auch aus ihr heraus.

Nicht weniger liebe ich die Energie von Orella, die mich schon viele Jahre lang in meiner irdischen Inkarnation begleitet. Sie ist das älteste Mitglied der plejadischen Gruppe, die mit mir kommuniziert. Ihr Thema ist die »Herzheilung«, die sie uns mit unendlich viel Liebe, Weisheit und Verständnis nahebringt.

Orella und Vilalata stehen auch außerhalb des Schreibens meiner Bücher immer wieder in Kontakt mit mir. Oft begleiten sie mich bei meinen Seminaren und Ausbildungen für werdende

Heilerinnen und Heiler. Wenn sie sich entschließen, in unseren Zeitraum einzusteigen, bringen sie so viel Liebe mit, dass die Seminarteilnehmer sich sofort an die Liebe ihrer göttlichen Heimat erinnern und sie fühlen können. Bei der Gelegenheit werden unwillkürlich ihr inneres Kind sowie verschiedenste negative Angelegenheiten geheilt, welche die Realität des betreffenden Menschen ein für alle Mal verlassen wollen.

Ich habe festgestellt, dass sich die Lichtschwingung unserer Zellen augenblicklich erhöht, wenn Orella mit Vilalata gemeinsam in unseren Zeitraum eintritt, weil die Liebe, die von diesen beiden Wesen ausgeht, noch die kleinsten Teilchen unseres Körpers lichtvoll vibrieren lässt. Die Heilung unterschiedlichster Aspekte geschieht dann ganz automatisch wie ein »Nebeneffekt«, weil die starke Schwingung dieser Liebe niedrigere Frequenzen und Elemente ohne viel Aufhebens gehen lässt.

Außerdem habe ich festgestellt, dass die Frequenz der Liebe, die in unseren Zeitraum gelangt, dafür sorgt, dass das Bewusstsein der Teilnehmer sich lichtvoll ausdehnt. Ihr Bewusstsein verbindet sich mit ihrem Höheren Bewusstsein und ihrer Höheren Intelligenz. Und ihr Höheres Bewusstsein verbindet sie mit allen lichtvollen Wesen, die zu ihnen gehören und sie begleiten. Dadurch machen die Teilnehmer gewaltige Quantensprünge in ihrer spirituellen Bewusstseinsentwicklung. Und das alles geschieht ganz wie von selbst und ohne jegliche Anstrengung.

Liebe heilt, regeneriert und befreit und sie bringt uns in unsere ursprüngliche göttliche Ordnung zurück. Ich durfte das schon mehrmals feststellen, wenn ich nach einer gewissen Zeit einer Seminargruppe, die mit der Frequenz der Liebe in Kontakt war, die ihnen plejadische und lichtvolle Wesen gebracht hatten, erneut begegnete. Jedes Mal durfte ich feststellen, dass sich die Energie der gesamten Gruppe stark erhöht hatte.

Aber natürlich kommen nicht nur Orella und Vilalata in unseren Zeitraum. Zu der plejadischen Gruppe, die mich treu begleitet und mir eine große Menge an Informationen übergibt, gehören selbstverständlich noch weitere hilfreiche Mitglieder. In Band 8 haben sie sich zum ersten Mal einzeln vorgestellt und uns dadurch eine konkrete Vorstellung davon gegeben, wer da eigentlich mit uns arbeitet und uns beisteht ...

Ramuel ist ein plejadischer Heiler, der uns bei jeglichen Heilprozessen unterstützt. Er übergibt uns Übungen, die uns bei der Heilung helfen. Wahou ist ebenfalls ein plejadischer Heiler, der Zahlenreihen und Symbole weitergibt, die er für uns energetisch programmiert. Milin übergibt uns Informationen über die Entwicklung der menschlichen Gemeinschaft. Rahul informiert uns über den physischen und energetischen Zustand unseres Planeten. Seine Frau Arilla hilft ihm dabei sehr. Und wenn es gerade etwas Wichtiges gibt, was die Gesamtentwicklung oder den Zustand der Menschheit, des Planeten Erde oder anderer galaktischer Prozesse betrifft, habe ich die Ehre, mit Orin zu sprechen, der das höchste Mitglied des Kosmischen Rates ist.

Diese plejadische Gruppe, die sich in der siebten Bewusstseinsdimension befindet, arbeitet mit plejadischen Wesen der neunten Bewusstseinsdimension zusammen. Die plejadischen Wesen der neunten Bewusstseinsebene haben keinen physischen Körper, sie haben sich in ihrer Entwicklung schon so weit dem Licht angenähert, dass sie damit in Verbindung getreten sind. Ihre Körper sind lichtvoll kristallin. Sie kennen keine Grenzen mehr zwischen Räumen, Dimensionen und Zeiten, weil ihre feinstofflichen, lichtvollen Körper es ihnen ermöglichen, in verschiedenste Räume einzusteigen.

Mit den Plejadern und plejadischen Lichtwesen arbeiten natürlich unzählige Lichtwesen zusammen, die bei der Übertragung der Informationen in meine Bücher helfen. Die Kommunikation, die zwischen den Plejadern und den Lichtwesen erfolgt, läuft dabei voller Liebe und in harmonischer Zusammenarbeit ab. All diese Wesen übergeben uns ihre Informationen und Heilfrequenzen gemeinsam und in reinster Liebe.

Und auch dieses Buch haben sie wieder mit positiver Energie programmiert, damit jede Leserin und jeder Leser die positive Energie des Kosmos in sich eintreten lassen kann, sich durch die Energie heilen und befreien kann …

Von belastenden Elementen befreien kann, die nicht mehr dienlich sind. Von allem befreien kann, was die Entwicklung des Bewusstseins und die Anbindung an das eigene Höhere Bewusstsein und an die eigene Höhere Intelligenz behindert. Von Programmen befreien kann, die künstlich erzeugt wurden und nie dem Wohl des Menschen und der menschlichen Gemeinschaft dienten.

Im Grunde waren diese Programme belastende Steinbrocken auf unserem Weg zum Licht und zu unserer Essenz. Viele solcher »Steine« wurden bereits entfernt, viele haben sich buchstäblich in Licht aufgelöst, denn alles, was unnatürlich und künstlich geschaffen ist, kehrt jetzt zu seinem Ursprung zurück. Alles kehrt zu seiner Natürlichkeit zurück.

Alles kehrt zu seinem wahren Ursprung zurück.

Die Worte dieses Buches wurden von den plejadischen Wesen so gewählt, dass wir unseren Ursprung und unsere Natürlichkeit wieder erreichen können.

Wir lernen, mit den Lichtwesen zu kommunizieren. Wir lernen, mit unserem Inneren zu kommunizieren. Wir finden dank der Energie dieses Buches unsere natürliche Intuition.

Wir finden Freude in unserer Seele und in unseren Gedanken.

Ich wünsche euch, liebe Leserinnen und Leser, auch diesmal wieder viel Erfüllung und unzählige Entdeckungen beim Lesen der nachfolgenden Zeilen.

Und ich wünsche euch unendlich viel Glück und Liebe in eurem Herzen.

In tiefer Dankbarkeit!
Eure Paulina

Liebe Lichtbotinnen und Lichtboten!

Wir grüßen euch von unseren lichtvollen Ebenen aus. Wir überbringen euch wertvolles Wissen, das euch auf eurem Weg zum Erwachen im Licht der Freiheit helfen kann.

Dieses Wissen wird von der Liebe handeln. Von der Liebe, die im positiven Sinne das machtvollste und kraftvollste Gefühl ist, das ihr erleben könnt.

Auch wir erleben Liebe. Liebe zum Nächsten, Liebe zu uns selbst und Liebe zu allem, was lebt und was nicht lebt. Liebe, die aus der göttlichen Quelle kommt, fließt zu jedem von euch und zu jedem von uns. Liebe durchdringt jedes Wesen und jeden Gegenstand, der euch womöglich unbelebt erscheint. Denn göttliche Liebe ist eine existenzielle Größe, die alle Wesen und alle Dinge lebendig und göttlich macht.

Liebe – das mächtigste und stärkste Gefühl, das der Mensch kennt und fühlt – kommt aus einer unerschöpflichen Quelle. Sie kommt aus der Quelle der göttlichen Liebe. Diese göttliche Liebe, die uns alle miteinander verbindet, ist eine Unermesslichkeit, die absolut unabhängig von jeglichem Geschehen in der Außenwelt ist.

Liebe ist aber nicht nur ein Gefühl oder ein Gedanke, den ihr wahrnehmt. Liebe ist die machtvollste, höchste Frequenz, die absolut alles beinhaltet. Sie beinhaltet Licht, Farben, Schwingungen, geometrische Formen, Töne und andere heilsame Elemente. Sie beinhaltet ALLES.

Die Entwicklung des menschlichen Wesens kehrt zu ihrem wesentlichen Kern zurück. Sie kehrt zu ihrer Natürlichkeit zurück. Das menschliche Wesen kehrt zurück zu dem, was es im Grunde immer gewesen ist – ein freundliches und liebevolles Geschöpf, das andere und sich selbst ehrt.

Das menschliche Wesen erinnert sich jetzt an das, was es in sich trägt und was es mit allem Wesentlichen verbindet und mit allem, was in diesem Leben Sinn macht. Und das ist die Liebe – die Liebe im Herzen, die Liebe zu den Mitmenschen.

Unsere Botschaften, mit denen wir euch schon so viele Jahre begleiten, sind stets ein Leitfaden und eine Unterstützung, damit ihr in euch das Wertvollste findet, das ihr in euch überhaupt finden könnt. Alle Botschaften – alle Übungen – führten dazu, dass ihr die Liebe in euch findet. Dass ihr Liebe fühlt und dass ihr Liebe weitergebt.

Ich, Orella, bin mit euch und mit dieser Thematik sehr verbunden. Ich liebe es, Worte der Liebe weiterzugeben, weil ich weiß, dass Liebe alle Situationen, alle Krankheiten und alle Belastungen heilen kann, die das menschliche Wesen in sich trägt.

Die spirituellen Kurse und Lehren, die ihr in eurem Leben bisher besucht und aufgenommen habt, handelten sicher von den unterschiedlichsten Themen. Und doch zielten alle diese Kurse und Lehren im Kern darauf ab, die Liebe in sich zu finden und diese Liebe weiterzugeben.

Diese Welt braucht Liebe. Bedingungslose Liebe und bedingungsloses, liebevolles Handeln und Tun. Ohne dieses Handeln kann es nicht zur bedingungslosen Heilung der unterschiedlichsten Bereiche dieser Welt kommen.

Diese Welt braucht Liebe. Jedes Wesen braucht Liebe.

Und davon handeln unsere Botschaften.

Vielleicht werdet ihr fühlen, dass die Worte der Liebe in diesem Buch oder in den einzelnen Botschaften eure Seele und euren Körper heilen, denn jedes der Worte, die wir euch übergeben, ist mit der Frequenz der göttlichen Liebe programmiert.

Vielleicht werdet ihr spüren, dass womöglich noch die letzten belastenden Elemente, die eure Systeme verlassen wollen, sich mit Hilfe der Schwingung der Liebe in lichtvolle Frequenzen verwandeln.

Vielleicht werdet ihr fühlen, dass Liebe das ist, wonach ihr euer ganzes Leben lang gesucht habt, und dass ihr euch nicht bewusst wart, dass die vielen verschiedenen Ziele und Aufgaben, die ihr euch im Leben gesteckt habt, Liebe zum Ziel hatten.

Vielleicht wart ihr aufgrund eurer Ziele, Aufgaben und Themen so beschäftigt, dass ihr nicht erkannt habt, dass Liebe das wahre Ziel war, das sich hinter den jeweiligen Themen verborgen hielt.

Vielleicht war euch nicht bewusst, dass ihr durch die Außenwelt und durch die euch umgebenden Menschen und Wesen immer wieder von euren Zielen der Liebe abgebracht worden seid.

Aber eure Seele hat euer wahres Ziel nicht vergessen. Sie wird euch zum Ziel der Liebe führen. Denn eure Seele besteht aus lichtvoller Liebesenergie. Dies ist ihr Wesenskern. Und so kann sie das Ziel der Liebe nicht verfehlen.

Vielleicht wird eure Seele eine Weile für die Verwirklichung ihres Ziels brauchen – für ihren Weg zur Liebe. Ihr könnt euch aber sicher sein, dass eure Seele euch zur Liebe führen und euch schließlich befreien wird. Ihr könnt euer Ziel nicht verfehlen, denn eure Seele ist in der Liebe der göttlichen Quelle entstanden. Im Licht der göttlichen Freiheit.

Die göttliche Quelle ruft eure Seele zu sich. Die göttliche Quelle sendet zu jeder menschlichen Seele Schwingungen der Liebe aus, damit sie ihre Herkunft nicht vergisst.

Falls sie ihre Herkunft doch vergessen hat, erhält sie hiermit Gelegenheit, sich wieder zu erinnern.

Wir alle sind Kinder der göttlichen Quelle. Ausnahmslos. Einer Quelle unendlicher Liebe, unendlichen Lichts und unendlicher Energie. Das hochschwingende Licht der Liebe ist das mächtigste Element, das existiert. Und das hochschwingende Licht und die Energie der Liebe befinden sich in den Botschaften und Übungen dieses Buches.

Es kommt nicht so sehr darauf an, über welches Thema in diesem Buch gerade gesprochen oder geschrieben wird. Das hochschwingende Licht und die Energie der Liebe durchdringen beim Lesen eure Seele, so dass sie sich an ihre lichtvolle göttliche Essenz anbinden kann.

Ihr alle kehrt zu eurer Natürlichkeit, Einfachheit und Verspieltheit zurück. Ihr kehrt in eure Freiheit zurück. Wie kleine ausgelassene Kinder bewegt ihr euch durch diese Welt, die euch immer lichtvollere Schwingungen schenkt. Wie kleine Kinder freut ihr euch wieder über das Hier und Jetzt, weil ihr erkennt, dass ihr im Hier und Jetzt mit allem Wesentlichen, mit allem Liebevollen und mit allem Lichtvollen verbunden seid.

Die Worte der Liebe, die in diesen Botschaften und Übungen zu euch kommen, lassen eure Existenz hier auf der Erde heilen und sie verbinden euch mit der Existenz von Räumen und Dimensionen, von denen ihr bisher getrennt wart – mit der Existenz paralleler Welten, paralleler Dimensionen und paralleler Universen.

Auch ihr selbst seid parallele Welten, Dimensionen und Universen. Ihr seid parallele Welten, Dimensionen und Universen eures Seins. In dieser Zeit und in diesem Raum. Nur hattet ihr diese wichtige Tatsache durch die Entwicklung der Gesellschaft, die euch in bestimmte Richtungen drängen wollte, so lange Zeit vergessen.

Ihr selbst seid Parallelwelt und Paralleluniversum in einer Person.

Eure dreidimensionale Wahrnehmung hat euch bisher daran gehindert, parallele Welten, Dimensionen und Universen wahrzunehmen, die sich in eurer Realität befinden.

Eure feinstoffliche Wahrnehmung wurde missbraucht und betäubt. Aber diese Zeit, die der Inbegriff der kosmischen Liebe ist, führt euch dahin, dass ihr euch an alle eure Fähigkeiten erinnert – und an eure vollständige Wahrnehmung, die zu euch gehört. Die Frequenz der Liebe hilft euch dabei. Sie verhilft euch zum Licht der Freiheit.

Die kosmische Liebe, die jeden Tag zu euch strömt, öffnet eine Tür nach der anderen, und diese Türen eröffnen wiederum Möglichkeiten, sich an die göttliche Liebe anzubinden – und so könnt ihr euer herrliches Sein in diesem Leben durchleuchten.

Ihr seid aus Liebe entstanden. Ihr seid aus der Liebe gekommen. Und zur Liebe kehrt ihr alle wieder zurück. In diesem Leben. Im Hier und Jetzt.

Nicht jeder von euch hatte einen einfachen Lebensweg. Vielleicht war er beschwerlicher, als euer Körper es ertragen konnte. Eure Seele aber wusste, dass einmal die Zeit des Lichts und der Liebe kommen würde – die Zeit der Freiheit. Eure Seele wusste, dass es ihr in dieser Inkarnation in eurem Körper gelingt, die göttliche Liebe und das göttliche Licht in sich aufzunehmen und euren Körper durch das Licht der Liebe zu heilen.

Alles besteht aus Liebe. Alles.

Und darum geht es in diesem Buch, das schon jetzt die Schwingung der Liebe auf euch überträgt – um die Liebe in Allem.

Wir freuen uns auf den gemeinsamen Weg mit euch.

Wir freuen uns darauf, dass die Schwingung der Liebe euch bei eurer Gesamtheilung hilft.

In Liebe & Hingabe!

Eure Orella

Erwachen
im Licht der
Freiheit

1

Die Trennung des 5D-Raums vom 3D-Raum

Viele von euch haben sich bereits auf den Weg der Liebe begeben und dabei ein großes Stück Arbeit geschafft. Viele von euch sind schon ein großes Stück des Weges gegangen und dabei nie stehengeblieben. Bisher hattet ihr nicht die Zeit, eine Pause zu machen und die Schönheiten dieser Welt zu betrachten.

Ihr hattet nicht die Zeit.

Die Mehrheit von euch befindet sich noch in der Gefangenschaft der irdischen Zeit. Die Zeit, nach wie vor unerbittlich, lässt euch nicht zur Ruhe kommen, sie lässt nicht zu, dass ihr euch mit eurem Inneren verbindet. Sie lässt nicht zu, dass ihr euch mit eurem Höheren Bewusstsein verbindet.

Zeit, flexibel und beweglich, war bisher eine mächtige Waffe der dunklen Wesen. Die dunklen Wesen haben ihre Überlegenheit ausgenutzt und euch in einer Zeitmatrix eingeschlossen, aus der man nur mit einem erweiterten Bewusstsein aussteigen kann, denn euer entwickeltes Bewusstsein verbindet euch mit allen Räumen und Dimensionen, mit denen ihr euch gerade verbinden wollt. Es verbindet euch aus höherer Perspektive betrachtet mit allem Positiven, das sich in diesem unendlichen Universum befindet.

Die Zeit, die euch versklavt hat, wird in den nächsten Jahren in ihren ursprünglichen kosmischen Zustand zurückversetzt. In eine kosmische Zeit, die im Grunde gar keine Zeit ist, so wie ihr sie kennt. Indem ihr aus den niedrigschwingenden Ebenen aufsteigt, werdet ihr feststellen, dass die Zeit für euch arbeitet und nicht ihr für sie.

Vielleicht habt ihr schon jetzt, in dieser Zeit und im bestehenden 3D-Raum, festgestellt, dass die Zeit förmlich zerrissen wird und ihr die Möglichkeit erhaltet, euch an eine andere – verlängerte – Zeit anzubinden. Diese Wahrnehmung habt ihr deshalb, weil sich euer Bewusstsein zumindest teilweise bereits an die Räume des höheren universellen Bewusstseins angebunden hat – dadurch habt ihr gespürt, dass die Zeit sozusagen *steht*.

Gleichzeitig entstehen in der 3D-Matrix Zeitrisse, weil sich das Bewusstsein der Menschheit erhöht und erweitert und damit die Größe *Zeit* instabil wird.

Aber nicht alle Menschen haben sich für einen Ausstieg aus der 3D-Matrix entschieden, viele brauchen noch die Erfahrung eines niedrigschwingenden Lebens. Ihnen wird ihr freier Wille natürlich gelassen. Für die, die bereits Erfahrungen gesammelt und sich für eine Welt voller Wunder entschieden haben, ist jedoch eine lichtvolle Ebene vorbereitet worden, in der sie aufatmen und sich mit den Schönheiten dieser Welt verbinden können.

Dazu möchten wir euch ein paar Worte sagen …

Schon oft wurde mitgeteilt, dass 3D und 5D sich aufteilen werden. Viele von euch haben seitdem Sorge, dass sie mit ihrem Ausstieg aus der 3D-Matrix ihre Liebsten und ihre Familienangehörigen verlieren, die in ihrer Entwicklung noch auf dem Weg der Suche und im vorübergehenden Unwissen sind.

Viele von euch machen sich Sorgen, dass sie in einem bestimmten Raum landen, in dem sie allein sein werden.

Es ist wahr, dass der Planet Erde in der 3D- und in der 5D-Ebene existieren wird. 3D und 5D werden voneinander getrennte

Räume sein. 3D wird jedoch eine bloße Illusion sein. Sie wird für menschliche Seelen existieren, die ihren göttlichen Ursprung noch suchen und die diesen niedrigschwingenden Raum für ihre Erfahrung benötigen. 3D und 5D werden also noch eine gewisse Zeit lang parallel zueinander existieren.

Für die menschlichen Wesen, die sich bereits für ihren Ausstieg aus 3D entschieden haben, wird das Leben in 5D sehr angenehm sein. Die in 5D lebenden Menschen werden die 3D-Welt nach wie vor wahrnehmen können, denn ihr Aufstieg ermöglicht ihnen dank ihres entwickelten Bewusstseins auch eine entwickelte Wahrnehmung unterschiedlicher Welten. Die Wahrnehmung verschiedener Welten wird aber nur dann stattfinden, wenn sie es sich wünschen. Die in 5D lebenden Menschen können sich zwischen den Welten, Dimensionen und Räumen bewegen, ohne dass es ihnen selbst weiter auffällt.

Ihr bewegt euch schon jetzt häufig zwischen den Welten, ohne dass es euch bewusst ist. Ihr erlebt sicherlich oft, dass ihr lauter angenehme Menschen trefft oder euch in einem Umfeld befindet, das sich liebevoll und hochschwingend anfühlt.

In diesen Augenblicken befindet ihr euch in Räumen und Dimensionen von 5D, die durch bestimmte Menschen bereits geschaffen wurden. Euer reines Herz verbindet euch mit diesen Welten. Es ist wie eine imaginäre Brücke, die euch blitzschnell mit 5D verbinden kann.

In den Momenten, in denen ihr euch zumindest teilweise in 5D befandet, habt ihr keinen negativen gesellschaftlichen Druck und keinen Zeitdruck mehr verspürt. Ihr habt Ruhe, Frieden und Liebe in eurer Seele und in eurem Herzen empfunden. Diesen Zustand werdet ihr immer häufiger aufsuchen. Ihr werdet euch in 5D einfach wohler fühlen.

Dies wird nicht schlagartig geschehen. Wie wir bereits mitgeteilt haben, werden 3D und 5D noch eine gewisse Zeit lang parallel existieren. Die endgültige Aufteilung dieser Welten wird in den nächsten Jahren geschehen. Je nachdem, wie viel kosmische Liebe die menschlichen Wesen in ihr Herz aufnehmen, wird es schneller oder langsamer erfolgen. Es kommt darauf an, wie rasch die menschliche Gemeinschaft vorankommt.

Jetzt, in dieser Zeit, hat aber jeder von euch die Möglichkeit, aus seiner persönlichen 3D-Realität auszusteigen. Jeder von euch hat die Möglichkeit, um sich herum einen provisorischen und eigenen 5D-Raum aufzubauen. Euer eigener, persönlicher 5D-Raum verbindet euch mit dem kosmischen 5D-Raum, und gleichzeitig verbindet er euch mit Menschen, die ihren persönlichen Einstieg in 5D verwirklicht haben.

Auch euer Planet hat sich schon lange auf seinen Aufstieg vorbereitet. Er wusste, dass die Trennung von 3D und 5D kommen wird. Er wusste, dass 5D seine wahre, vorläufige Realität ist. Er wusste ebenso, dass sein Weg mit dem Einstieg in 5D nicht endet. Seine 3D-Form wird eine bloße Illusion oder ein Hologramm und eine Station für menschliche Seelen sein, die bestimmte Aufgaben für ihre Entwicklung noch verarbeiten wollen.

Euer Planet möchte sich mit seiner Entwicklung in die kosmische, planetare Gemeinschaft einreihen und so den höheren kosmischen Gesetzen dienen. Euer Planet wusste, dass er bei seinem Aufstieg in 5D nur die menschlichen Seelen mitnehmen kann, die sich nach den höheren planetaren Gesetzen richten und sie liebevoll respektieren. Er wusste, dass er nur menschliche Wesen mitnehmen kann, die von liebevollen Schwingungen und Gedanken erfüllt sind. Andere menschliche Wesen werden schwingungsmäßig nicht zu seinen erhöhten Frequenzen passen. Das ist das Gesetz der Liebe und des Lichts.

Und dieses Gesetz darf respektiert werden.

Milin ***und seine plejadischen Gefährten***
Frieden mit euch, Frieden mit uns!

2

Verschiebung in Raum und Zeit und eure Möglichkeiten des Lebens in 5D

Der Ausstieg aus der 3D-Matrix wird als unscheinbare Verschiebung in Raum und Zeit geschehen. Vielleicht werdet ihr nicht einmal bemerken, dass ihr euch bereits in der 5D-Matrix befindet. Ihr werdet es bemerken, sofern euer persönlicher Zustand und der Zustand eures Umfelds friedliebend und liebevoll ist.

Der Übergang in 5D wird dank eures reinen Herzens gelingen. Besser gesagt dank eures reinen Herzens mit dem aktivierten Heiligen Raum im Herzen.

Wir wissen, dass wir die Notwendigkeit der Herzensreinheit schon oft erwähnt haben. Wir wissen, dass wir die Notwendigkeit der Reinheit eurer Gedanken und eures Verhaltens schon oft erwähnt haben. Aber ohne diese reinsten Mittel kann der Einstieg in höhere lichtvolle Räume nicht geschehen.

In den höheren Bewusstseinsräumen befindet sich viel mehr Licht und Liebe als in den Räumen der 3D-Matrix. Der Ausstieg gelingt jedem, der Reinheit im Herzen und Reinheit der Gedanken in sich trägt. Er gelingt jedem, der einen guten Charakter besitzt und anderen Wesen nur das Beste wünscht, jedem, der gleichzeitig mit der Natur und ihren Gesetzen verbunden ist. Mit Liebe im Herzen ist es möglich, in höhere Bewusstseinsräume einzusteigen. Mit Herzensliebe zu sich selbst und anderen Wesen.

Außerdem kann der Ausstieg nur mit einem durchleuchteten System der Körpermaterie erfolgen. Zu den höheren Bewusstseinsschwingungen gehören Liebe, Dankbarkeit, Licht, Frieden, das Positive und alles lichtvoll Hochschwingende. Alles, was nicht lichtvoll schwingt und nicht liebevoll oder positiv ist, bleibt daher in niedrigeren Ebenen.

Es ist sehr logisch und sehr einfach.

Viele menschliche Wesen suchen eifrig nach verschiedensten Möglichkeiten des Einstiegs in höhere Bewusstseinsräume. Viele menschliche Wesen verstehen immer noch nicht, dass ein reines Herz und reine Gedanken die Voraussetzung dafür sind, dass die Verschiebung in Raum und Zeit für jeden Einzelnen stattfinden kann. Sie sind die einzige Voraussetzung.

Diese Verschiebung in Raum und Zeit kann etwa mit einer Verschiebung in den Raum und die Zeit eurer Verstorbenen verglichen werden. Die Dimension, in der sie sich befinden, ist in Raum und Zeit nur einen geringfügigen Bruchteil von eurer Realität entfernt. Ihr könnt eure Verstorbenen nicht sehen, und doch sind sie in eurer unmittelbaren Nähe.

Deshalb sagen sie euch immer, sie sind lediglich einen Gedanken von euch entfernt. Ein einziger Gedanke genügt, um sich mit ihnen und ihrem Raum zu verbinden.

Eure verstorbenen Verwandten und Vorfahren befinden sich in höheren lichtvollen Schwingungsebenen. Sie können euch jederzeit sehen, aufgrund ihres erweiterten Bewusstseins, das sie mit unzähligen Räumen, Zeiten und Dimensionen verbindet. Doch ihr könnt sie in eurer 3D-Realität bislang nicht sehen. Nach eurem Aufstieg in 5D werdet ihr dank eures entwickelten Bewusstseins die Möglichkeit haben, euch jederzeit mit eurer verstorbenen Familie und euren Ahnen zu treffen, wenn ihr es wollt. Ihr werdet ihnen in ihrer feinstofflichen Form begegnen.

Viele von euch warten schon lange auf ein Treffen mit ihren Liebsten. Viele von euch haben gedacht, dass ein Treffen mit ihnen erst nach eurem physischen Tod stattfinden wird. Durch euren Ausstieg aus 3D werdet ihr schon jetzt, in dieser irdischen Inkarnation, die Möglichkeit haben, ihnen zu begegnen und euch über ihre feinstoffliche Anwesenheit, ihre Weisheit und über ihr entwickeltes Bewusstsein zu freuen.

Eure Begegnung mit euren Verwandten oder Vorfahren wird aber nur dann verwirklicht werden, wenn ihr euch diese Begegnung auch wünscht.

∞

Wir, die plejadische Zivilisation, erleben keinen physischen Tod mehr, wie ihr ihn hier auf dem Planeten Erde noch erlebt. Der physische Tod ist bei euch oftmals verbunden mit tiefer Trauer und manchmal mit traumatischen Erlebnissen, die wegen des Verlusts eines geliebten Menschen auftreten. Für viele Menschen ist die Vorstellung, dass ein Mensch für immer gegangen ist, eine sehr belastende Situation.

Bei uns geht eine Seele bewusst in einen neuen Körper über. Die Seele nimmt auch ihr Bewusstsein mit, das sie durch ihre Entwicklung erlangt hat.

Unsere Gemeinschaft ist in eine physische und eine feinstoffliche Gemeinschaft aufgeteilt. Die feinstoffliche Gemeinschaft – bei der sich der Körper in einer feinstofflichen lichtvollen oder kristallinen Form befindet – ist eine Gemeinschaft höherer Entwicklung. Dabei handelt es sich um sehr weise lichtvolle plejadische Wesen, mit denen wir häufig in Verbindung treten und zusammenarbeiten. Das hat zur Folge, dass viele unserer Gefährten sich nach ihrem Fortgang aus dem physischen Körper und nach ihrer langen

Bewusstseinsentwicklung für eine lichtvolle, feinstoffliche Form des Seins entscheiden. Man könnte auch sagen, dass diese Plejader den »Rat der Ältesten« bilden.

Das Verlassen des physischen Körpers bedeutet für uns daher nicht das Ende des Seins, wie es von vielen menschlichen Individuen interpretiert wird. Es bedeutet für uns lediglich den Übergang in eine *andere Form des Lebens.*

Auf diese Entwicklung strebt auch die menschliche Gemeinschaft zu. Schritt für Schritt.

Wir wünschen euch, Augenblicke des Glücks zu erleben, in denen ihr weiterhin mit euren verstorbenen Familienangehörigen kommunizieren könnt, wenn sie sich in einem Raum befinden, den ihr Menschen den »menschlichen Himmel« nennt.

Wir wünschen euch, Augenblicke der Freude zu erleben, in denen ihr euch nach Jahren wieder mit euren verstorbenen Familienmitgliedern trefft.

Ihr werdet aus ihren Erfahrungen, aus ihrem entwickelten Bewusstsein und aus ihrem entfachten Seelenlicht schöpfen können, das sie mit anderen Lichtwesen und weiteren Formen des Lebens und Seins verbindet.

Vielleicht ist euch noch nicht bewusst, was euch in 5D erwartet und welche Möglichkeiten sich euch dort eröffnen. Durch das erhöhte Licht eures Körpers entwickeln sich eure Sinne und eure Wahrnehmung. Eure Fähigkeit der Manifestation und Materialisation wird sich früher oder später bei euch verstärkt zu Wort melden.

Euch erwarten wahre Wunder, und wir freuen uns sehr darüber, dass wir euch auf eurem Weg begleiten dürfen.

***Milin** und seine plejadischen Gefährten*
Frieden mit euch, Frieden mit uns!

3

Die heilende Kraft der Sonne und ein neues Heilsymbol

Die Sonne und ihre Lichtinformationen werden euch in nächster Zeit besonders liebevoll und hilfreich begleiten. Die Sonne bringt euch schon lange Lebensenergie und ist gleichzeitig die Vermittlerin zwischen euch und den galaktischen Welten. Sie wird euch jetzt gezielt wichtige Informationen zukommen lassen, die direkt aus der Zentralsonne eurer Galaxis und aus der Zentralsonne der göttlichen Quelle zu ihr gelangen.

Eure Sonne und ihre Seele Ra versuchen ständig mit euch zu kommunizieren. Sie versuchen euch mitzuteilen, wie es euch als menschlicher Gemeinschaft am besten gelingt, Technologien für die Freie Energie effektiv zu nutzen. Dank der Sonnenstrahlen entdecken die Menschen gerade sehr schnell in Vergessenheit geratene Technologien neu.

Auch positive Gedankenmuster und positive Emotionen kommen dank eurer Sonne zu euch. Deshalb fühlt ihr euch beim Sonnenbaden so angenehm geborgen, und aus demselben Grund produziert ihr selbst positive Gedanken und positive Emotionen.

Der Sonne fällt es jetzt aufgrund der kosmischen Einflüsse und der verstärkt zu euch kommenden kosmischen Energie immer leichter, positiv auf euer Körpersystem einzuwirken. Sie schickt ihr Licht in euer Körpersystem, das in Farbnuancen umgewandelt wird, die euer Körpersystem zu seinem Nutzen verwendet. Eure Chakren können diese Frequenzen hervorragend aufnehmen und sich mit ihrer Hilfe auf natürliche Art und Weise heilen. Auch bei der Heilung der menschlichen Körpermaterie hilft euch die Sonne.

Die Sonne wird von euch in dieser Zeit oft für selbstverständlich genommen. Doch in früheren Zeiten verehrten die Menschen sie und ihr Scheinen ganz bewusst, sie heilten sich mit ihrer Lichtenergie, kommunizierten mit der Sonne und wussten dank ihr stets, welches planetarische Geschehen gerade ablief.

Jeder Einzelne von euch ist bereits mit der Sonnenseele Ra in Kontakt getreten, bevor er auf diesem Planeten und in diese Sonnenkonstellation inkarnierte. Die Sonnenseele Ra kommunizierte mit euch und teilte euch mit, wie ihr euer Gesamtsystem während eurer irdischen Inkarnation mit Hilfe der Sonnenstrahlen in seiner optimalen Vitalität erhalten könnt …

Die Seele der Sonne teilte euch mit, dass ihr die Lichtenergie der Sonne für eure spirituelle und bewusstseinsmäßige Entwicklung am besten mit Hilfe der Lichtchakren aufnehmen könnt, die sich über eurem Kopf befinden.

Sie teilte euch mit, dass ihr mit Hilfe des Kronenchakras die Sonnenstrahlung optimal zur Unterstützung eures physischen Körpers aufnehmen könnt.

Sie teilte euch mit, dass die Zeit der Morgendämmerung Vitalität für eure tägliche Energieaufnahme bringt und der Sonnenuntergang eine angenehme Energie für euren Schlaf.

Indem ihr in die aufgehende oder untergehende Sonne schaut, heilt ihr außerdem eure Seele. Und auch all eure Chakren erhalten die Möglichkeit, fehlerhafte Programme abzugeben und das Positive des Lichts zu empfangen.

Die Seele eurer Sonne Ra ist ein sehr weises Wesen. Sie steht immer in Kontakt mit der Seele eures Planeten, Gaia, und mit anderen Lichtwesen, die für eine bestimmte Situation gerade zuständig sind. Sie hat euch – ebenso wie die Erdenseele Gaia – bei eurer Ankunft auf der Erde willkommen geheißen und mit ihrer natürlichen Matrix verbunden. In dieser Inkarnation gehört ihr zur Matrix des Planeten Erde und zur Matrix eurer Sonne.

Ihr gehört zum Planetensystem der Erde und zum System der Sonnenkonstellation.

Bei der Ankunft auf dieser Erde wurdet ihr voll an das natürliche Matrixsystem und all seine hilfreichen Aspekte angebunden, aber mit der Zeit habt ihr angefangen, euch langsam von dem lebenswichtigen und für euch natürlichen Matrixsystem abzutrennen – aufgrund der Manipulationen der menschlichen Gemeinschaft durch die dunklen Mächte, aber auch aufgrund von Krankheiten und wegen anderer Umstände.

In dieser Zeit melden sich Ra und Gaia jedoch verstärkt zu Wort und binden euch wieder an ihre natürlichen Systeme an – und die Anbindung an ihre natürlichen Systeme bringt euch Menschen eure körperliche und spirituelle Kraft zurück.

Die Matrix der Erde und die Matrix der Sonne waren für den Menschen stets natürlich. Durch die anhaltenden und umfassenden Manipulationen habt ihr Menschen euch nur von eurem natürlichen Zustand entfernt. Es ist jetzt fast so, als würdet ihr gar nicht mehr zu diesem Planeten gehören, als hättet ihr euch von ihm abgewendet. Viele Menschen fühlen sich aufgrund dieser Manipulationen vom Planeten getrennt.

Menschen, die bewusst spirituell sind oder sich gerade spirituell und bewusstseinsmäßig entwickeln, werden in dieser Zeit verstärkt mit der Erdmatrix und mit der Sonnenmatrix verbunden. Dadurch erhalten sie ihre natürliche Kraft auf allen Ebenen ihres Lebens zurück. Dank der Kristallstrukturen, die der menschliche Körper aktuell in sich erschafft, erhöht sich die Möglichkeit der Anbindung an kristalline Lichtinformationen, die aus dem Universum kommen. Und dank dieser Lichtinformationen kommt es zur Regeneration und optimalen Entwicklung eurer DNA. *Euer Lichtkörperprozess kann beginnen.*

Diese Zeit könnte als Erneuerung oder Renaissance des menschlichen Körpers bezeichnet werden, weil der menschliche Körper, die Körpermaterie, feinstofflicher wird. Er empfängt feinstoffliche, aus der göttlichen Quelle stammende Informationen und gibt feinstofflichen Systemen wie dem Hellsehen, Hellhören und Hellfühlen Gelegenheit, sich schneller zu entwickeln.

Der Mensch, der sich feinstofflich entwickeln will, kann den Weg in höhere feinstoffliche Lichtdimensionen nur in einem feinstofflichen Körper vollziehen. Deshalb durchläuft der menschliche Körper momentan verstärkt eine Reinigung, damit die Körpermaterie jegliche Belastungen abgeben kann, die die Feinstofflichkeit verhindern. Alles Komplizierte und Belastende gehört nicht in ein natürliches und leichtes Leben der höheren Lichträume. *Der Mensch kehrt zu seiner Natürlichkeit zurück.*

In eurer Sonnenkonstellation und im ganzen Universum ist alles übersichtlich, natürlich und der göttlichen Ordnung zugehörig. *Und jetzt kehren der menschliche Körper und sein System zu ihrer Natürlichkeit und göttlichen Ordnung zurück.*

Nach und nach werdet ihr fühlen, dass euer persönliches System ein übersichtliches Mikrouniversum ist, das genau in das Makrouniversum hineinpasst. Mit all seinen Systemen, mit all seinen Organen, mit allen Matrixsystemen.

Ihr werdet sehen, dass ihr zu diesem Planeten und zu seiner Natur gehört. Ihr werdet immer mehr beobachten, dass ihr ohne die Energie der Natur nicht auskommt. Ihr werdet feststellen, dass ihr ohne Sonnenstrahlen nicht auskommt. Ihr werdet begreifen, wie viel Kraft und Natürlichkeit euch gefehlt hat, als ihr euch nicht absolut mit dieser Galaxis verbunden fühltet. Ihr werdet verstehen, dass diese Galaxis euer Zuhause ist.

∞

Wir übergeben euch nun ein durch uns programmiertes Symbol der Sonne, das euch auf mehreren Ebenen eurer Heilung, energetischen Reinigung und Regeneration helfen kann. Dieses Symbol wurde, genau wie alle anderen Symbole und Zahlenreihen, die wir euch übergeben haben, von uns an die notwendigen morphogenetischen Felder angebunden.

Durch das Betrachten dieses Symbols kommt es zu eurer Wiederanbindung an die natürliche Matrix der Sonne und die gesamte Sonnenkonstellation. Gleichzeitig werdet ihr an Informationen angebunden, die euch die Sonnenseele Ra übergibt, Informationen über das Geschehen des Lebens auf Welten und Sternen in eurer Umgebung, Informationen über andere besiedelte Planeten und ihre Zivilisationen. Die Sonnenseele Ra ist die Vermittlerin zu diesen Zivilisationen in eurer Sonnenkonstellation und eurer Galaxis.

Wenn ihr das Symbol betrachtet, verbindet ihr euch mit der Seele der Sonne Ra selbst, mit ihrer Weisheit und lichtvollen Heilenergie. Und es dehnen sich eure Lichtchakren über dem Kopf aus und empfangen Lichtinformationen von der Sonne. Eure Lichtchakren empfangen dann ihre Energie, ihre Farben und auch ihre Schwingung. So erhöht sich die Aktivität eurer Lichtchakren weiter, und euer Geist bekommt die Möglichkeit zu Reisen in Parallelwelten, zu denen er bisher keinen Zugang hatte.

Dieses Symbol der Sonne ist von uns so programmiert, dass durch die Aktivierung eurer Lichtchakren eure Fähigkeit wächst, die Informationen der Lichtwelt und ihrer Wesen zu empfangen. Ihr seid dann auch zu Channelingkontakten in der Lage. Ihr bekommt dadurch die Möglichkeit zur Kommunikation mit dem kosmischen Geschehen.

Wie du mit diesem Symbol arbeitest …

Es genügt, das Zeichen zu betrachten, und du wirst mit der Sonne und mit allen Möglichkeiten verbunden, die wir in dieser Botschaft beschrieben haben. Wähle intuitiv eine Dauer, die dir geeignet erscheint. Wir empfehlen, dass du dieses Symbol mindestens drei Minuten lang betrachtest. In den folgenden Kapiteln werden wir dir mitteilen, wie du dieses Symbol ausdrücklich für Channelings verwenden kannst.

Zur Verstärkung der Wirkung kannst du diese Affirmation laut aussprechen …

»Ich bin absolut mit der Sonne und ihrer Seele Ra verbunden.
Die Energie der Sonne nährt mich.
Die Energie der Sonne heilt mich.
Die Energie der Sonne regeneriert mich.
Die Verbindung mit Ra bringt mir notwendige Informationen.
Ich empfange alle Elemente in Dankbarkeit und Liebe.
Danke, danke, danke.«

Milin und Wahou, zusammen mit weiteren plejadischen Gefährten Frieden mit dir, Frieden mit uns!

4

Informationen über die spirituelle Bedeutung des Aufstiegs aus niedrigen Ebenen

Es ist jetzt an der Zeit, die Räume und Dimensionen für eure Kommunikation zu öffnen und neue Horizonte zu entdecken. Es ist an der Zeit, die feinstofflichen Sinne zu aktivieren und dadurch wahre und unverfälschte Informationen zu erhalten. Verfälschte und manipulierte Informationen hattet ihr Jahrtausende lang. Diese Zeit ist nun vorbei.

Es bricht die echte Zeit an, die es euch ermöglicht, aus dem Schneckenhaus herauszukommen, die Fühler auszustrecken und sich umzusehen, um zu erfahren, was sich tatsächlich in eurer Umgebung befindet. Sich umzublicken und zu erkennen, was euch alles genommen und vor euch versteckt wurde. Sich nach dem umzuschauen, was eure Sinne bisher nicht wahrnehmen konnten, jetzt aber wahrnehmen *können*.

Es ist an der Zeit herauszufinden, dass die Welt um euch herum um einiges vielfältiger und bunter ist, als es euch bisher erschien. Es ist an der Zeit festzustellen, dass die Welt um euren Planeten riesig ist und andere bewohnte Welten und Zivilisationen eure Nachbarn sind. Es ist an der Zeit zu verstehen, dass die Welt um euren Planeten aus unzähligen Räumen, Dimensionen und Parallelwelten besteht, die euch so lange verheimlicht wurden.

Es ist jetzt an der Zeit, sich endlich umzusehen, die Sinne zu aktivieren und zu begreifen, dass viel mehr existiert, als ihr euch jemals hättet vorstellen können.

Wie immer gehen wir dazu Schritt für Schritt mit euch voran …

Beginnen wir damit, dass eure Vorstellungskraft euch genommen wurde. Eure Hellsinne, die euch mit anderen Welten verbanden, wurden betäubt, so dass eure Vorstellungskraft ihre Größe, ihre Farbenpracht und ihr Ausmaß verlor.

Nur die dreidimensionale Wahrnehmung wurde euch gelassen. Eine Wahrnehmung, die euch in eurer natürlichen göttlichen Fähigkeit begrenzt, das Bewusstsein in umgebende Welten auszudehnen. So wurde euch die Fähigkeit genommen, Horizonte zu erreichen, die mit weiteren Horizonten anderer Welten und Dimensionen verknüpft sind.

Durch die dreidimensionale Wahrnehmung wurdet ihr in die 3D-Matrix und ihre Realität eingesperrt. Durch sie wurden euch Gehirnkapazitäten genommen, DNA-Kapazitäten und Kapazitäten für das Bewusstseinswachstum. Die dreidimensionale Wahrnehmung besitzt nur eine unzureichende Vorstellungskraft, weil sie nicht in der Lage ist, sich mit Welten der Multidimensionalität zu verbinden. Sie ist nicht in der Lage, ihre Sinne in Räume und Zwischenräume von Welten und Dimensionen auszudehnen, die sich um euch herum befinden. Und dabei befinden sie sich in eurer unmittelbarer Nähe!

Die Manipulation der menschlichen Zivilisation, ihr Lieben, war wirklich äußerst umfassend …

Aber das menschliche Wesen hat sich entschieden, aus der 3D-Realität auszusteigen. Es hat sich entschieden, seine dunkle Realität in eine helle zu verwandeln, und es hat sich entschieden, sein Bewusstsein zu erweitern und sich zu entwickeln.

Mit einem erweiterten Bewusstsein wird es dem menschlichen Wesen gelingen, aus den niedrigschwingenden Ebenen der dunklen Realitäten auszusteigen, und es wird ihm gelingen, sich wieder mit Welten zu verbinden, zu denen es den Zugang verloren hatte. Durch die Ausdehnung seines Bewusstseins erhält das menschliche Wesen die natürliche Funktion seiner Sinnesfähigkeiten des Hellsehens, Hellhörens und Hellfühlens zurück. Ein erweitertes Bewusstsein ermöglicht es dem menschlichen Wesen, sich mit anderen menschlichen und weiteren Wesen zu verbinden, die ihr Bewusstsein bereits entwickelt haben und mit den Lichträumen des kosmischen Geschehens verbunden sind.

Es ist notwendig zu verstehen, dass sich die kosmischen Welten, die Lichtdimensionen und andere Parallelwelten in eurer unmittelbaren Nähe befinden. Sie sind nicht unendlich weit von euch entfernt. Sie befinden sich ganz in der Nähe eurer Realität. Mit diesen Welten seid ihr über euer Herz verbunden, über den Heiligen Raum in eurem Herzen. Und eure Lichtchakren über eurem Kopf sind das Fahrzeug für die Reisen in umgebende Welten und Räume. Eure Chakren über dem Kopf sind aktiv und fähig, Tore in andere Welten zu öffnen – unter der Voraussetzung, dass euer Herz rein ist. (Näheres dazu hatten wir euch in Kapitel 4 von Buch 7 mitgeteilt – im Zusammenhang mit den Lichtchakren über eurem Kopf. Auf den Heiligen Raum des Herzens gehen wir im vorliegenden Buch noch genauer ein.)

Mit eurem erweiterten Bewusstsein wird es euch gelingen, erfolgreich in die Welten und Räume der kosmischen Welt einzusteigen, auch mit Hilfe eures Höheren Ichs – durch euer höheres Bewusstsein und durch die Entwicklung eurer Spiritualität.

Die Welten, Räume und Dimensionen, die sich um euch herum befinden, sind sozusagen nebeneinander angeordnet. Man kann jederzeit in diese Welten eintreten. Es hängt von eurem reinen Herzen und von eurer Entschlusskraft ab, in diese Welten einzutreten. Und sobald ihr in den 5D-Raum eintretet, den Raum eures Herzens, wird euch klar werden, wie sehr ihr manipuliert und beeinflusst worden seid.

Euer reines Herz ist der Schlüssel zu allen Räumen, Dimensionen und Welten. Zwischen diesen Räumen, die überaus lichtvoll und hoch schwingen, existieren im Grunde keine physischen Grenzen. Alles ist verbunden und miteinander verwoben. Grenzen existieren nur gedanklich. Trotzdem wird jeder Raum, jede Dimension und jede Welt durch die göttlichen Gesetze des Respekts und des freien Willens geehrt.

Im Gegensatz zu hochschwingenden, lichtvollen Räumen sind die niedrigschwingenden Ebenen dimensional abgeschlossene Räume, die nicht miteinander verbunden sind. Jede dieser niedrigschwingenden Welten ist praktisch in sich abgeschlossen und trägt eine eigene, individuelle Frequenz. Aus diesen niedrigschwingenden Welten kann man nur sehr schwer aussteigen. Wer sich aus diesen Welten befreien möchte, muss einen sehr starken Willen und viel Ausdauer entwickeln, denn die niedrigschwingenden Frequenzen dieser Welten binden jeden Gedanken, der sich an die Lichtwelten anbinden möchte.

Aus diesem Grund helfen euch – der menschlichen Gemeinschaft – unzählige Lichtwesen und friedliebende außerirdische Zivilisationen. Sie verstehen diese Problematik. Sie verstehen, dass es schwierig ist, aus der niedrigen Schwingung auszubrechen, und dass der Mensch, der sich unablässig bemüht, die Manipulation zu überwinden und aus den niedrigschwingenden Ebenen auszusteigen, oft seine Kraft und Ausdauer verliert.

Vielen von euch ist aber der Ausstieg oder zumindest ein teilweiser Ausstieg bereits gelungen. Durch die damit verbundene Anbindung an höhere Räume und Dimensionen hat sich eure Seele sofort an ihr Licht und an ihre ursprüngliche göttliche Schwingung erinnert. Und das hat eurer Seele die Kraft gegeben, sich mit euren Lichtbegleitern oder mit anderen Lichtfrequenzen zu verbinden und höher und höher in Richtung Licht aufzusteigen.

Jeder, der sich für einen Ausstieg aus 3D oder aus anderen niedrigschwingenden Ebenen entscheidet, wird augenblicklich von den Lichtwesen erhört, und sein Wunsch wird von ihnen umgehend an die göttliche Intelligenz herangetragen. Die göttliche Intelligenz verbindet sich dann mit dem Höheren Ich – dem höheren Bewusstsein des Betreffenden – und beginnt mit ihm zu kommunizieren und einen Plan für einen erfolgreichen Ausstieg vorzubereiten. Dazu gehört auch die Entfernung unterschiedlichster karmischer Angelegenheiten und jeglicher Negativitäten, die den Prozess des Ausstiegs bislang behindert haben.

In dieser Zeit, in der der Ausstiegsprozess aus 3D unausweichlich ist, manifestieren sich die unterschiedlichsten Themen, geistige, seelische und körperliche Themen, die den Menschen am kompletten Ausstieg aus 3D gehindert haben. Alles, was den Menschen in der niedrigschwingenden Ebene gehalten hat, muss verarbeitet oder gesehen werden, damit er in Räume gehen kann, in denen diese Themen in Licht umgewandelt werden.

Man könnte sagen, dass sich in dieser Zeit alles überschlägt. Aber das liegt daran, dass sich die Menschheit sehr lange in einem tiefen Schlaf befand und jetzt ein kollektives Erwachen stattfindet. Jeder Mensch beeinflusst alle anderen, und das Licht der Erwachten verbindet sich in der Geschwindigkeit des kosmischen Lichts mit den anderen Menschen. Das Licht vervielfältigt sich und nimmt weitere lichtvolle und positive Elemente auf.

Licht zieht Licht an, und viele Menschen, die sich an ihre lichtvolle Essenz erinnert haben, strahlen bereits lichtvoll und ziehen Licht direkt aus der göttlichen Quelle zu sich.

Das göttliche Licht ist das am höchsten schwingende und transformierendste Licht. Und dieses göttliche Licht beginnt sich gerade auf dem ganzen Planeten auszubreiten. Doch viele menschliche Wesen empfangen dieses göttliche Licht nicht, weil sie sich für einen anderen Weg ihrer persönlichen Entwicklung und Transformation entschieden haben.

Sie haben sich dafür entschieden, vorerst in 3D zu bleiben und sich Zeit für ihren Weg zu nehmen.

Ihr, die ihr euch für 5D entscheidet, für den Übergang in die fünfte Dimension, könnt jederzeit Zugang und Kontakt zu diesen Menschen haben, solange 3D und 5D parallel existieren. Ihr werdet von diesen Menschen gesehen, und ihr werdet sie auch selbst sehen. Ihre persönliche Härte wird euch aber nicht mehr so stark treffen, wie es früher der Fall gewesen wäre, als ihr selbst noch in der 3D-Realität weiltet. Ihr werdet alles wie aus einer höheren Perspektive sehen. Die niedrigschwingende Frequenz dieser Menschen wird euch nicht mehr erreichen können, denn ihr habt euch für eine höhere Schwingung entschieden.

Und eure Lichtbegleiter werden euch nur mit dem Seelenlicht der Menschen verbinden, die Liebe in sich tragen. Ihre negativen Elemente werden euch nicht mehr erreichen.

Viele menschliche Wesen, die sich für den längeren Entwicklungsweg entschlossen haben, gehen das Risiko ein, ihre physische Hülle zu verlieren. Aber das ist ihre eigene Wahl und ihr freier Wille. Viele von ihnen haben sich für die Heilung ihrer Seele in den Räumen des »menschlichen Himmels« entschieden, wo die Heilung durch göttliche Gnade geschieht. Diese göttliche Heilung läuft schon seit Juni 2021 und heilt menschliche Seelen und menschliche Wesen. Es ist eine »Heilung und Regeneration durch die Gnade Gottes«, wie wir euch durch die gleichnamige Botschaft in Band 8 mitgeteilt haben, die Pavlina zusammen mit einer Meditation auf der Übungs-CD 9 auch eingesprochen hat.

Diese wundervolle Zeit bringt unendlich viele Möglichkeiten der Heilung und persönlichen Entwicklung. Es kommt stets darauf an, wie sich das menschliche Wesen entscheidet.

Jedem menschlichen Wesen wird sein freier Wille gelassen.

Milin und seine plejadischen Gefährten
Frieden mit euch, Frieden mit uns!

5

Die Aktivierung der Zirbeldrüse mit Hilfe des Sonnensymbols

Das Symbol der Sonne, das wir für euch programmiert haben, hilft euch auch dabei, eure Zirbeldrüse – die Epiphyse – zu reinigen und zu aktivieren. Dank dieses Symbols strömen feinstoffliche Lichtinformationen der Sonne zu euch. Sie sind in der Lage, manipulierende Programme aufzulösen, die sich möglicherweise noch in der Zirbeldrüse befinden. Diese manipulierenden Programme haben eine dunkle energetische Schicht um die Zirbeldrüse herum erzeugt und sie verkümmern lassen. Mit Hilfe der feinstofflichen Lichtinformationen der Sonne könnt ihr wieder in eure Natürlichkeit gelangen. *Jeder von euch ist der Kommunikation mit der Lichtwelt und ihren Wesen fähig. Jeder von euch.*

Das menschliche Wesen ist in der Lage, sich über seine Hellsinne zu verständigen. In früheren Zeiten, als die menschliche Zivilisation noch ganz in ihrer Natürlichkeit und Reinheit war, konnte jedes menschliche Wesen kraft der Intuition und Telepathie mit allen anderen menschlichen Wesen kommunizieren. Diese Fähigkeiten nutzten die Menschen auch für den Austausch mit Mitgliedern anderer planetarer Systeme und Lichtwesen. Die Fähigkeit des Channelns entwickelten manche menschlichen Wesen erst, als ihre diesbezüglichen natürlichen Fähigkeiten verlorengingen, damit es auch denen, die diese Fähigkeit nicht mehr besaßen, weiterhin möglich war, Nachrichten und Informationen der Lichtwelt an andere weiterzugeben. Die Zirbeldrüse diente dabei immer als Antenne oder Verstärker für die Kommunikation.

Wenn Menschen mit Hilfe von Channelings oder medialer Informationsübertragung kommunizieren, können wir beobachten, dass die Zirbeldrüse des Betreffenden energetische Wellen aussendet. Diese Wellen schwingen in verschiedenen Frequenzen, je nachdem, mit welchen Wesen oder mit welchen Lichtwelten der Betreffende gerade kommuniziert.

Je mehr der Betreffende sich der Kommunikation mit Lichtwesen widmet, desto größer ist die Reichweite und Ausdehnung der Wellen, die aus der Zirbeldrüse austreten.

Es ist einfach wunderschön, Menschen zu beobachten, die energetisch miteinander kommunizieren, weil diese Wellen ganz hell und farbig strahlen. Sie verbinden beide Seiten, die miteinander kommunizieren, und die entsprechenden Welten der beteiligten Wesen. Befindet sich ein Mensch in lichtvoller Kommunikation, sieht es so aus, als würde seine Realitätswelt und die Welt des anderen Wesens zu *einer* Welt verschmelzen. Es ist dann, als würde er sich im Lichtraum des Wesens befinden, mit dem er gerade kommuniziert. Zwischen diesen Welten existieren keine Grenzen. Es existieren nur gedankliche Grenzen, die der Mensch in seinem Geist oder in seiner Vorstellung schafft.

Der Mensch, der mit Lichtwesen kommuniziert, tritt ein in ihre Welt. Sein Herz verbindet sich mit dieser Welt, während die Zirbeldrüse Informationen empfängt. Kommuniziert der Mensch zum Beispiel mit Engelwesen, befindet er sich direkt im Engelreich, denn im Augenblick der Verbindung verschmilzt er buchstäblich mit dieser Sphäre. So erhält er die Möglichkeit, von den Engeln Informationen zu bekommen. *Das ist nur möglich, weil alle lichtvollen Welten miteinander verbunden sind. Jederzeit ist eine vollkommene Verbindung mit allen Lichtwelten und lichtvollen Dimensionen gleichzeitig möglich.*

Bei der Kommunikation bindet sich das Herz des Menschen an die Matrixsignatur der göttlichen Welt an, während der Körper des Menschen sich mit den lichtvollen Signaturen des göttlichen universellen Geschehens verbindet, in dem alle Lichtwesen zu Hause sind. Ein Mensch, der ein längeres Channeling und eine gute, qualitativ hochwertige Anbindung schafft, ist über alle seine Chakren an die göttliche Welt angebunden. Er befindet sich in der wunderschönen göttlichen Signatur, die ihn im Grunde mit der gesamten unendlichen göttlichen Welt und gleichzeitig mit der Welt und den Wesen verbindet, mit denen er gerade kommuniziert.

Diese Signatur ist in beständiger lichtvoller Bewegung und besteht aus kreisförmigen Formationen. Alles ist durch Kreise und kreisförmige Formationen und Gebilde miteinander verbunden. Die Informationen, die das menschliche Wesen daraus bezieht, sind immer abgerundet. Sie erscheinen ihm sozusagen als lichtvolle Ringformen. Manchmal ist der Mensch in der Lage, nur einen Teil der Information, nur einen Teil dieser ringförmigen Formation zu empfangen. Aber nach einer gewissen Zeit, in der er weitere und immer weitere Informationen erhält, kann er sagen – aha, jetzt ergibt es Sinn, jetzt verstehe ich die Informationen, jetzt ist alles vollständig. *Jetzt schließt sich der Kreis.*

Ein Mensch, der häufig mit Lichtwesen oder anderen Wesen guten Willens kommuniziert, hat sehr hochentwickelte Synapsen im Gehirn. Der wiederkehrende Empfang von Informationen aktiviert die Tätigkeit seiner Synapsen und aktiviert zudem auch die Tätigkeit der Zirbeldrüse.

Menschen, die zu dieser Art der Kommunikation fähig sind, können bestätigen, dass auch ihr irdisches Leben heller und lichter geworden ist. Durch ihre Kommunikation mit der Lichtwelt wird ihre persönliche Realität durchleuchtet, und ihre niedrigschwingenden Programme können schneller ins Licht gehen beziehungsweise verarbeitet oder neutralisiert werden. Jeder channelnde Mensch erlebt bei seiner Tätigkeit Gefühle des Glücks und der bedingungslosen Liebe, weil er sich bei der Kommunikation in einer Welt des Glücks und der bedingungslosen Liebe befindet – natürlich unter der Voraussetzung, dass der Betreffende Wesen aus höheren Bewusstseinssphären kontaktiert.

Diese Urfähigkeit der Kommunikation mit Lichtwesen möchten wir euch dank der Schwingung unserer Worte und Informationen zu aktivieren helfen.

In jedem unserer Bücher haben wir euch mitgeteilt, wie wichtig es ist, die Verantwortung für euch selbst zu übernehmen, und wie wichtig es ist, die Antworten in euch selbst zu finden. Wie wichtig es ist, sich auf euch selbst zu verlassen und Informationen nicht bei anderen Menschen zu suchen, die nicht in euer Inneres schauen und euch nicht hundertprozentig verstehen und beraten können.

Ihr werdet feststellen, dass sich durch die Aktivierung eurer Zirbeldrüse eure Intuition entwickelt, da die Zirbeldrüse auch mit eurem höheren Bewusstsein in Verbindung steht – und euer höheres Bewusstsein euch mit Informationen anderer Lichtwelten und Lichtwesen verbindet.

Ihr werdet feststellen, dass euer höheres Bewusstsein in der Lage ist, sich mit beliebigen Welten, Dimensionen, Zeiten und Räumen zu verbinden.

Ihr werdet feststellen, dass euer höheres Bewusstsein die Instanz ist, die mit der Umgebung kommuniziert, und dass sich kraft eures erweiterten Bewusstseins nicht nur eure Intuition, sondern auch eure Telepathie sehr schnell entwickelt. Dadurch wird es euch viel leichter fallen als bisher, die Antworten auf alle Fragen in euch selbst zu finden.

Ihr werdet feststellen, dass euer höheres Bewusstsein vollkommen mit dem Heiligen Raum eures Herzens verbunden ist und wie eine große Kommunikationseinheit funktioniert, in der sich die Außenwelt mit eurer Innenwelt austauscht.

Ihr werdet feststellen, dass eine göttliche Kraft in euch schlummert, die euch mit allem und mit allen verbindet.

Ihr werdet feststellen, dass der göttliche Strahl, der aus eurem Herzen kommt, sich in alle Räume und Zeiten eures Seins und in alle Räume und Zeiten der unendlichen göttlichen universellen Existenz ausdehnen kann.

Ihr werdet feststellen, dass die Abtrennung von der Außenwelt nur in eurem Geist stattgefunden hat.

Ihr werdet feststellen, dass euer Herz und euer erweitertes Bewusstsein euch mit allem verbinden. Mit absolut allem. Und eure Zirbeldrüse wird fähig sein, Signale auszusenden und Informationen zu empfangen, die euch weitere Antworten bringen, auf die ihr vielleicht schon euer Leben lang gewartet habt.

Ihr werdet feststellen, dass ihr ein Teil dieses unendlichen, vielfältigen und liebevollen Geschehens seid.

Ihr werdet feststellen, dass die Realität, in der ihr gerade lebt, eine bloße Illusion ist, die dazu diente, dass ihr euer Bewusstsein so stark erweitert, wie es früher einmal war.

Ihr werdet immer mehr Antworten auf eure Fragen erhalten. Und dazu genügt es, dass ihr euch hin und wieder Zeit nur für euch selbst nehmt, um euer Herz zu öffnen, euch mit der Erde zu verbinden und Augenblicke des Hier und Jetzt zu fühlen. Und in diesem Augenblick – im Hier und Jetzt – verschmelzen dann eure Seele, euer Geist und euer Körper zu eins. Euer Herz sendet einen göttlichen Strahl in den Raum eurer Existenz aus, der sich mit eurem höheren Bewusstsein verbindet. Und eure Zirbeldrüse sendet Signale und Frequenzen zu Welten aus, mit denen ihr die Absicht habt, euch zu verbinden.

Im Grunde ist es so einfach. Ihr dürft lernen, im Hier und Jetzt zu leben. Der gegenwärtige Augenblick verbindet euch mit Welten, in die ihr einsteigen wollt. Und mit Informationen, die zu euch kommen wollen. Ihr könnt empfangen. Hier und Jetzt.

Wenn ihr wollt, könnt ihr eure Zirbeldrüse nun mit Hilfe des von uns programmierten Symbols reinigen und aktivieren. Verwendet dieses Symbol so lange, bis ihr das Gefühl habt, dass die Lichtinformationen optimal zu euch fließen.

Vergesst aber nicht, was wir euch noch mitgeteilt haben.

Vergesst nicht den gegenwärtigen Augenblick.

ÜBUNG FÜR DEINE ZIRBELDRÜSE

Betrachte jetzt mindestens drei Minuten lang oder so lange, wie es für dich angenehm ist, das Symbol der Sonne.

Dann sprich …

»Hier und jetzt trete ich mit meiner Zirbeldrüse in Kontakt.
Ich schicke meiner Zirbeldrüse Liebe und Dankbarkeit.
Ich bitte meine Zirbeldrüse, die Informationen zu empfangen, die gerade zu ihr kommen.
Im Hier und Jetzt reinigt sich meine Zirbeldrüse.
Im Hier und Jetzt heilt meine Zirbeldrüse.
Im Hier und Jetzt regeneriert meine Zirbeldrüse.
Im Hier und Jetzt aktiviert sich meine Zirbeldrüse.
Meine Zirbeldrüse ist rein und klar.
Meine Zirbeldrüse ist geheilt.
Meine Zirbeldrüse ist regeneriert.
Meine Zirbeldrüse ist aktiviert.
Danke, danke, danke.«

Orella, Ramuel und Wahou,
zusammen mit weiteren plejadischen Gefährten
Frieden mit dir, Frieden mit uns!

6

Ein Erdsymbol für eure Verbindung mit der höheren Ordnung dieses Planeten

Ein weiteres Heilzeichen, das wir euch übergeben möchten, ist ein von uns programmiertes Symbol der Erde und ihrer Seele Gaia. Auch Gaia hat, wie wir schon mitgeteilt haben, euch bei eurer Ankunft auf der Erde kraft ihrer Liebe und ihrer Energie an ihre Informationen und ihr natürliches Matrixsystem angebunden.

Durch die Arbeit mit diesem Symbol verbindet ihr euch wieder mit der Erdenseele Gaia und mit all ihren Frequenzen. Ihr verbindet euch mit ihrem natürlichen Matrixsystem. Ihr werdet wieder in das System dieses Planeten hineinpassen wie ein Schlüssel ins Schloss. Ihr werdet euch nicht mehr so fühlen, als hättet ihr eure Wurzeln verloren und als würdet ihr nicht zu dieser Erde gehören. Ihr werdet wieder eins mit Gaia sein.

Auch wenn eure Seele ursprünglich aus anderen planetarischen und galaktischen Systemen stammt, habt ihr euch doch dafür entschieden, die jetzige Inkarnation auf dem Planeten Erde zu durchleben. Deshalb ist es wichtig, dass ihr euch in eurem Leben mit der Erde verbunden fühlt, mit ihrer Schönheit, Kraft und Weisheit verbunden fühlt. Wir möchten euch helfen, euch während eurer Inkarnation zu verwurzeln, so dass ihr energetisch genährt und geschützt seid.

Wir wissen, dass viele von euch aus tiefstem Herzen den Wunsch verspüren, auf ihren Heimatplaneten zurückzukehren. Wir wissen, wie stark euch ein Teil eurer Seele mit eurem Heimatplaneten verbindet und dass ihr euch nach ihm sehnt. Macht euch bewusst, dass ihr euch selbst für eure Inkarnation auf der Erde entschieden habt, denn wenn es euch gelingt, alles aus einer höheren Perspektive zu betrachten, wird es euch gelingen, eure Existenz auf diesem Planeten in vollem Ausmaß zu erleben. Es gibt nichts Traurigeres, als wenn sich ein Mensch auf diesem Planeten einsam und unverstanden fühlt. Entscheidet euch für ein Leben, das ihr voller Energie und absolut verbunden mit der Erde und dem Planetensystem, in dem ihr euch befindet, erlebt. Ihr werdet die Aufgaben, die ihr euch vorgenommen habt, dann besser bewältigen können. Ihr werdet eure normalen Lebenssituationen und euer normales Alltagsleben besser bewältigen können.

Dieses Symbol beschützt euch mit der Kraft der Erde. Es verbindet euch mit der Erde und gibt euch eine Verankerung, die eure Körpermaterie auf diesem Planeten braucht.

Bei jedem eurer Channelingkontakte solltet ihr mit der Erde verbunden sein, weil die Verbindung mit der Erde euch eine erfolgreiche Verbindung mit den Lichtwelten sichert.

Euer Körper braucht bei jedem Channelingkontakt die Sicherheit, dass er geerdet ist und dass eure Seele und euer Geist sich lichtvoll ausdehnen und nach Beendigung des Kontakts wieder erfolgreich in den Körper zurückkehren können.

Wenn der Körper sich nicht geerdet fühlt, gelingt es euch nicht, einen vollständigen Kontakt mit den entsprechenden Wesen oder Welten aufzubauen. Der Körper möchte spüren, dass er mit der Erde verbunden ist und dass die Erde ihn vor Einflüssen schützt, die durch ein »unreines« Channeling auftreten könnten.

Der Körper schützt sich so vor möglichen Schwierigkeiten oder Angriffen von Entitäten, die ihm energetisch vielleicht schaden wollen. Das ist vor allem für diejenigen Menschen wichtig, die sich noch nicht lange damit befassen, wie sie mit den umgebenden Welten in Verbindung treten können.

Wenn ihr gut geerdet seid, ist euer Körper in der Lage, die Augenblicke im Hier und Jetzt in vollem Umfang zu erleben und in eurem Herzen eine riesige Menge an Lichtenergie zu erzeugen. Mit dieser Lichtenergie könnt ihr den lichtvollen Kontakt mit anderen Wesen, euer Channeling, beginnen.

Dank seiner Erdung kann euer Körper dann aus dem Herzen einen starken Lichtstrahl zu den Welten oder Wesen aussenden, die ihr kontaktieren wollt. Und dank des geerdeten Körpers werden eure Zirbeldrüse und euer höheres Bewusstsein sehr gut Nachrichten empfangen können.

All das ermöglicht dieses Heilsymbol.

Dieses Symbol unterstützt euch auch dabei, die Lichtchakren, die sich unter euren Füßen befinden, stärker zu aktivieren. Die aktivierten, unter euren Füßen befindlichen Lichtchakren empfangen die Weisheit und die Informationen Gaias.

Sie verbinden euch mit den Meridianen und Kristallstrukturen der Erde.

Die Lichtchakren unter euren Füßen sichern euch den Zugang zu den lichtvollen Dimensionen im Erdinneren und zu den Lichtwesen, die sich im Inneren der Erde befinden und für diese inneren Welten zuständig sind.

Sie verbinden euch mit den kristallinen Wesen, die für eure Kristallreiche zuständig sind.

Ihr alle wisst, dass Kristalle eure Zukunft sind. In eurer Zukunft werdet ihr in fast allen Bereichen Kristalle verwenden. Auch euer Körper besteht aus kristallinen Strukturen. Selbst eure DNA und jede einzelne eurer Körperzellen enthält kleinste Kristallteilchen. Jede Zelle eures Körpers möchte ihre innere Kristallsonne aktivieren, die sie in sich trägt und die durch die Manipulationen der dunklen Mächte erloschen ist.*

Die Kristallstruktur eures Körpers, deren zentraler Ort für ihre Entwicklung der Solarplexus ist, verbindet euch mit den Kristallstrukturen der Erde und mit den Kristallstrukturen eurer Galaxis.

Alles ist komplex. Alles ist vollkommen und perfekt. Alles passt zusammen und besteht aus Kreisen und ist geometrisch präzise angeordnet. Durch die Arbeit mit dem Erdsymbol gelingt es euch schneller, euch an alle Systeme eures Planeten anzubinden, weil wir dieses Symbol – genauso wie alle anderen Heilsymbole und Zahlenreihen – entsprechend programmiert und an morphogenetische Felder angebunden haben.

Zweifellos heilen viele von euch, die sich oft in der Natur aufhalten, auf natürliche Art und Weise und verbinden sich auf natürliche Art und Weise mit den Systemen der Erde, der Sonnenkonstellation und der Konstellation dieser Galaxis. Der Aufenthalt in der Natur gehört zu eurer Natürlichkeit.

Dieses Symbol der Erde ist für euch gewissermaßen eine Hilfe für die Anbindung an die reinste Ordnung und die reinsten Systeme, die die göttliche Intelligenz erschaffen hat.

Gleichzeitig bindet es euch an neue, lichtvolle Systeme höherer Ebenen der Erde an, in die ihr gerade einsteigt. An göttliche Systeme ohne Manipulation.

An Systeme, die himmlisch und vollkommen sind.

Es bindet euch an Lichtinformationen an, die unablässig zu eurem Planeten strömen und euch dabei helfen, erfolgreich in höhere Räume der Erde einzusteigen.

Wir gehen Schritt für Schritt mit euch voran. Wir möchten, dass ihr die Komplexität eures Lebens und eures Seins versteht.

---

* Der Musiker Michael Reimann hat auf der CD *Kolloidales Silizium* wundervolle Klänge komponiert, die dir helfen, deine Kristalle zu programmieren und die Kristallsonne in deinem Herzen zu aktivieren. Im Booklet findest du – von Pavlina empfangen – ein Channeling und drei Meditationsanleitungen der Plejader.

Wir möchten, dass ihr mit jeder Faser eures Seins versteht: Euer System passt genau in das System des Universums hinein. Immer mehr nähert ihr euch dem System des Universums an. Ihr versteht, dass euer reines Herz und eine reine Absicht euch mit der Reinheit des Universums verbinden.

Alles, was euch liebevoll und lichtvoll macht, verbindet euch mit dem Liebevollen und Lichtvollen dieses Universums.

Eure Organe wollen sich vollständig an die Systeme der planetarischen Sonnenkonstellation und ihre Frequenz anbinden. Jede eurer Zellen will sich an die Schwingung der Lichtenergie anbinden, die sich überall um euch herum befindet. Dazu reicht es schon, sein Denken und Handeln zu verändern.

Und nun das versprochene Symbol …

Es genügt, dieses Symbol anzuschauen. Das allein verbindet dich bereits mit Gaia und all den Möglichkeiten, die wir gerade geschildert haben. Wähle intuitiv eine Dauer, die dir geeignet erscheint. Wir empfehlen, dass du dieses Symbol mindestens drei Minuten lang betrachtest.

Wenn du dich vor deinem Channeling oder vor einer anderen energetischen Arbeit mit Hilfe dieses Symbols noch erden oder schützen willst, kannst du die folgende Affirmation laut aussprechen:

»Ich bin absolut mit der Erde und mit ihrer Seele Gaia verbunden.
Die Energie der Erde nährt mich.
Die Energie der Erde schützt mich.
Die Verbindung mit Gaia bringt mir die Informationen, die ich gerade jetzt benötige.
Ich empfange alle Elemente in Dankbarkeit und Liebe.
Danke, danke, danke.«

Ramuel, Milin ***und*** *Wahou,*
zusammen mit weiteren plejadischen Gefährten
Frieden mit dir, Frieden mit uns!

7

Vilalata und ihre Aufgabe, euch zu begleiten

Liebe Leserin, lieber Leser!

Ich, Vilalata, melde mich jetzt zu Wort und übergebe euch hilfreiche Informationen, die die Kommunikation mit Wesen aus den Lichtwelten betreffen.

Jeder von euch wünscht sich, mit den Wesen der Lichtwelten und mit den friedliebenden Wesen des Kosmos zu kommunizieren und sich mit ihnen zu verständigen.

Jeder von euch wünscht sich die Möglichkeit, Informationen zu erhalten, die euch bei eurer weiteren Entwicklung helfen, und Informationen, durch die ihr mehr darüber erfahrt, wie es den anderen Bewohnern der kosmischen Welten geht.

Ich weiß, wie sehr ihr euch dies wünscht.

Ich weiß, wie sehr euch die dunklen Mächte und Wesen in der Vergangenheit beeinflusst und von euren eigenen Potenzialen und Fähigkeiten der Verständigung mit den Lichtwelten und Wesen guten Willens getrennt haben.

Ich weiß und fühle, wie frustrierend euer Bemühen ist, wenn ihr die Informationen, um die ihr die Lichtwelt doch schon seit so langer Zeit bittet, einfach nicht bekommt.

Meine plejadischen Gefährten und ich bemühen uns darum, euch wieder beizubringen, wie ihr euch mit der umgebenden Welt und mit den Wesen verbinden könnt, die euch begleiten und die mit euch in Kontakt treten möchten.

Ich, Vilalata, wurde von meinen plejadischen Gefährten dazu auserwählt, eure Kanäle zu den höheren lichtvollen Dimensionen zu öffnen und euch auf den Empfang von Informationen durch diese Kommunikation vorzubereiten – ihr nennt es Channeling. Ich wurde dazu auserwählt, und es ist mir eine große Ehre.

Ich weiß, dass es eine große Aufgabe für mich ist, da ich mit jedem von euch einzeln energetisch arbeiten werde. Dies wird dadurch erleichtert, dass ihr euch beim Lesen dieser Zeilen unwillkürlich an mein energetisches morphogenetisches Feld anbindet und euch mit meinem höheren Bewusstsein verbindet.

Ich kann jeden von euch wahrnehmen, ich kann jeden von euch fühlen. Mein Vater, der ein großer Heiler ist, hat mich viele Jahre lang die Fähigkeiten der Kommunikation mit der menschlichen Gemeinschaft und des Heilens menschlicher Wesen mit Hilfe der göttlichen Liebe gelehrt.

Ich selbst bin sehr stark mit den Engelreichen verbunden. In den Engelreichen gibt es nur liebevolle Wesen.

Diese Reiche sind von Liebe erfüllt, es existiert in ihnen nichts anderes als Liebe, Licht, Dankbarkeit, Frieden und unendliches Verständnis – die Verbindung mit allem Liebevollen und Göttlichen. In diesen Reichen der Engelwesen und Lichtgeschöpfe kann ich mich physisch bewegen, und ich bin unsagbar froh, dass mein Vater mich in diese Reiche eingeführt hat.

Jedes plejadische Wesen wie auch jedes menschliche Wesen hat seine persönlichen Engel. Jedes plejadische wie auch menschliche Wesen kann sich mit dem Engelreich verbinden, wenn es dies wünscht und wenn es notwendig ist.

Ich habe von meinen plejadischen Gefährten die Aufgabe bekommen, eine Art Vermittlerin zu sein zwischen der plejadischen

Gemeinschaft und den Engelwesen und Lichtgeschöpfen, die für uns zuständig sind.

Ich habe das Privileg erhalten, jederzeit in die Engelreiche eintreten zu können, und die Liebe, die aus meinem Herzen kommt, öffnet mir die Türen zu diesen Reichen.

Auch ich musste Prüfungen bestehen, die meine Person und die Reinheit meines Herzens und meiner Gedanken betrafen. Ich konnte nicht von Anbeginn meiner Ausbildung an, die ich von meinem Vater erhielt, in das Reich der Engelwelten einsteigen. Ich musste erst durch unzählige Prüfungen beweisen, dass meine Absicht rein ist, ebenso wie mein Handeln und Denken.

Die Liebe des Herzens öffnet die Türen zu den Räumen der Engel- und Lichtwesen. Einzig die Liebe ermöglicht eine Verbindung mit diesen wunderschönen Wesen.

Dadurch erhalte ich von ihnen Informationen, die ich denjenigen mitteilen kann, die sie gerade brauchen.

Meine jetzige Aufgabe ist es, euch allen die »Türen« zu den Räumen der Engelwesen, Lichtgeschöpfen sowie zu den Wesen guten Willens zu öffnen, die sich auf den Planeten dieses Universums befinden.

Ihr werdet gemeinsam mit mir durch eine Schulung gehen, die euch dabei hilft, erfolgreich mit den Wesen und Welten in Kontakt zu treten, mit denen ihr zu kommunizieren wünscht.

Dazu werde ich euch mit meiner Herzenskraft und meinem Bewusstsein verbinden, das euch den Zugang zu den Welten der Liebe und des Lichts öffnet.

Euer Licht, das sich in eurem Herzen befindet, wird hochschwingend werden, so dass ihr euch leichter mit allem verbinden könnt, was ebenfalls sehr hoch und lichtvoll schwingt.

Für mich ist das eine große Ehre. Ich sehe und fühle jeden von euch, der mit mir in Kontakt treten möchte.

Meine Wahrnehmung ist dank der jahrelangen liebevollen Ausbildung durch den besten Lehrer meines Lebens – meinen

Vater – sehr umfassend und sehr gut der multidimensionalen Projektion fähig.

Ich bin in der Lage, mit jedem von euch zu arbeiten, weil die Kraft meines Herzens und mein höheres Bewusstsein fähig sind, alle Dimensionen, Räume und Zeiten, in die es gerade notwendig ist einzusteigen, zu durchdringen.

Ich freue mich schon sehr auf die Zusammenarbeit mit dir.

Während unseres gemeinsamen Wirkens wird die Liebe der Lichtwelt zu dir strömen. Dabei ist es meine Aufgabe, dich zur Quelle des Lichts und zur Quelle der Informationen zu führen, während du im Laufe der Zeit immer selbstständiger handelst. Es ist meine Aufgabe, gewisse Schritte zur Vervollkommnung deines Channelings mit dir zu durchlaufen, aber das höchste Ziel bei dieser meiner Arbeit ist es, dass du meine Hilfe schließlich nicht mehr brauchst und deine Arbeit und dein Handeln in Eigenverantwortung erfolgt. Es wird mir die größte Freude sein zu beobachten, wenn du in die Eigenständigkeit gehst.

Nun freue ich mich aber auf den Kontakt mit euch, mit dir.

Während deiner Arbeit an der Anbindung an die Lichtwelten wirst du meine Energie und meine Liebe spüren. Meine Energie und meine Liebe werden dich begleiten und deine persönliche Energie und dein persönliches Licht anheben. Sie werden dich in jedem Augenblick deines Wirkens begleiten. Jedes Wort, das den Weg zu dir findet, bringt dir die Schwingung meiner Liebe und die Schwingung der Dimensionen und Welten, in denen ich mich gerade bewege und in denen ich lebe.

Du wirst spüren, wie schön das Leben in den höheren Bewusstseinsräumen ist, und du wirst spüren, wie sich die Liebe hier bei uns, auf dem Plejadengestirn, anfühlt.

Du wirst mit Dimensionen des Lichts verbunden sein und vor allem mit den Dimensionen, die dir dringend benötigte Informationen bringen. Du wirst Informationen erhalten, die dir dabei helfen, deine Realität und die Realität der Menschheit aus einer höheren Perspektive zu verstehen – aus der Perspektive der göttlichen Sicht auf alles und aus einer Perspektive, die Sinn ergibt für deine persönliche Entwicklung.

Du wirst verstehen, dass du bisher nur wenig darüber gewusst hast, was dieses unendliche Geschehen eigentlich ausmacht, dieses unendliche göttliche Geschehen. Du wirst verstehen, so wie auch ich es irgendwann einmal verstanden habe, wie komplex dieses Geschehen ist und dass sich nur, wenn du verstehst, die Türen zu den Räumen und Zeiten der unendlichen Existenz für dich öffnen – für jeden von uns.

Jeder von uns ist in seiner Existenz unendlich. Alles strebt auf das Licht und die Liebe zu. Licht und Liebe sind unendliche göttliche Parameter. Alles vergrößert sich, alles dehnt sich aus zu einem noch größeren Licht und zu einer noch größeren Liebe. Die Göttlichkeit kennt keine Grenzen, die Licht und Liebe einschränken könnten.

In tiefer Hingabe!

Vilalata

8

Erste Schritte zum Verständnis eurer selbst beim Channeling

Wir beginnen mit der Phase des Verständnisses, die in reinster Liebe durchlaufen wird. Bei dieser Phase geht es um das Verständnis eurer selbst, denn beim Channeling bekommt ihr als Erstes Informationen über euch selbst.

Ihr versteht, dass ihr das, was ihr wahrnehmt oder beobachtet, eigentlich schon lange kennt. Die Lichtwelten, in die ihr einsteigt, waren euch nie fremd. Im Gegenteil.

Ihr erkennt, dass die Lichtwelten, zu denen ihr dank eures reinen Herzens und dank eures erweiterten Bewusstseins Zugang erlangt, euer eigentliches Zuhause sind.

Durch die Informationen, die ihr beim Channeling bekommt, lernt ihr zu verstehen, dass alles miteinander verbunden ist. Jeder ist mit jedem verbunden. Ihr lernt zu verstehen, dass die Lichtwelt keine Grenzen kennt. Sie kennt keine Grenzen in Raum, Zeit oder Gedanken. Ihr lernt zu verstehen, dass ihr die Welten, in die ihr einsteigt, mit eurer positiven Absicht beeinflusst – und dass ihr sie jederzeit beeinflussen könnt.

Denn alles, was sich in diesen Welten abspielt, ist in Licht, Liebe und Dankbarkeit verbunden. Und genau deshalb könnt ihr Situationen oder Geschehnisse in der unendlichen lichtvollen Welt zu eurem reinen, positiven Besten beeinflussen.

Ihr werdet feststellen, was für eine große positive Manifestationskraft ihr in euch tragt. Diese große positive Macht der Manifestation in euch ist in der Lage, die gesamte Realität um euch herum zu verändern. Ihr werdet feststellen, dass ihr die Realität eures irdischen Lebens auf diesem Planeten umgehend positiv beeinflusst, wenn ihr die Realität eurer unverarbeiteten Angelegenheiten in eurer Paralleldimension verändert.

Viele von euch haben sich schon mehrmals dafür entschieden, auf diesem Planeten zu inkarnieren, um Schritte zu tun, die dabei helfen, aus der manipulierten Realität auszusteigen. Es ist eine Geschichte, die sich über viele Inkarnationen hinweg abspielte und die ihr nun mit einem Happy End abschließen wollt – durch euren Einstieg in die Freiheit, in eine Freiheit, die naturgemäß euch gehört und die euer Geburtsrecht ist.

Ihr werdet sehen, dass sich euer Fleiß gelohnt hat. Ihr werdet sehen, dass eure Absicht, eure Arbeit und eure langjährigen Bemühungen Früchte tragen werden.

Jedes Lichtwesen, das für den Planeten Erde und für die Entwicklung der menschlichen Zivilisation zuständig ist, freut sich sehr über jeden Schritt, den menschliche Wesen in Richtung ihrer Freiheit tun.

Sobald ihr in höhere Dimensionen aufsteigt, wie es auch uns, der plejadischen Zivilisation, gelungen ist, werdet ihr sehen, wie viele Lichtwesen euch auf eurem Weg begleiten.

In den höheren Dimensionen werdet ihr diese Lichtwesen wahrnehmen und beobachten können.

Ihr werdet sehen, dass euch die Lichtwesen bei fast jedem Schritt in die Freiheit und ins Glück begleitet haben. Ihr werdet beobachten können, welch große Unterstützung sie euch gegeben haben, wie viel Arbeit sie geleistet haben, damit ihr euren Weg erkennt und euer Ziel nicht verfehlt. *Die für den Planeten Erde zuständigen*

Lichtwesen sind direkt aus der göttlichen Quelle zu euch gekommen. Die göttliche Quelle ist ihre Heimat.

Diese Lichtwesen, die auf die Erde gekommen sind, um euch zu unterstützen, haben sich entschlossen, euch zu begleiten, und das ist eine sehr anspruchsvolle Aufgabe, da sie mit der menschlichen Gemeinschaft durch eine herausfordernde Zeit gehen. Diese lichtvollen Wesen sind durch Prüfungen des Lichtrats gegangen, ob sie dem starken Ansturm der Manipulation und des Bösen, den es auf der Erde gibt, auch wirklich standhalten können, denn es sind liebevolle, friedliebende Wesen und alles niedrig Schwingende raubt ihnen Kraft. *Die unendliche Liebe, die von ihnen zu den Menschen fließt, wird deshalb auch durch die positive Kraft der göttlichen Intelligenz verstärkt.*

Aber alle Lichtwesen und Engel, die sich auf der Erde befinden, und alle Engel und Lichtwesen im Inneren der Erde haben sich freiwillig für diese große Aufgabe entschieden und heilen mit ihrer Liebe eure Welt. Falls sie doch einmal Verstärkung benötigen, schickt die göttliche Intelligenz weitere Engel und Lichtwesen, die sich ebenfalls freiwillig für diese Aufgabe entschieden haben. Und wie ihr wisst, existiert eine unendliche Menge von Räumen und Dimensionen in eurer Realität. *In jedem Raum und in jeder Dimension befinden sich Lichtwesen und Engel, die bereit sind, euch hilfreich zu unterstützen.*

All diese Lichtwesen können sich gegenseitig wahrnehmen und sofort miteinander kommunizieren. Die Dimensionen, die gewissermaßen nebeneinander angeordnet sind, können sich von einem Augenblick zum anderen zusammenschließen. In jedem Augenblick ist es möglich, mehrere Dimensionen zu einer zusammenzufügen und dadurch mit beliebigen Wesen in Kontakt zu treten oder sich einen Überblick darüber zu verschaffen, in welcher Zeit oder in welchem Raum sich eure Situation gerade abspielt.

Eure Lichtwesen und Engel sind jederzeit und in jeder Situation für euch da. Und sie helfen euch dabei, aus den nicht so positiven

Dimensionen und Räumen auszusteigen und euch in das Licht der Freiheit hinein zu entfalten.

Die Realität ist so, wie der Mensch sie sich macht. Wenn der Mensch zu kompliziert denkt, erschafft er um sich herum unzählige Dimensionen und Räume, die aus den unterschiedlichsten Vorstellungen dieses Menschen bestehen. Ein Mensch, der einfach und gezielt denkt, erschafft sich hingegen eine einfache und klare Realität, die sich augenblicklich in einer konkreten Form manifestieren kann.

Ein Mensch, der einfach und klar denkt, wird nicht mit Dimensionen »überhäuft«, die sein Handeln und Denken belasten. Auch seine reale Welt ist dann klar und sauber geordnet, weil er nur Vorstellungen manifestiert, die ihm weiterhelfen.

Dadurch, dass ihr zu eurer Natürlichkeit zurückkehrt, kehrt ihr zu der Einfachheit zurück, die euch erfolgreich ans Ziel bringt. Auch eure lichtvollen Helfer werden es mit ihrer Arbeit leichter haben, und es wird für sie übersichtlicher sein, euch zu begleiten. Es wird für sie übersichtlicher, auf welchem Weg sie euch helfen können, und es wird ihnen leichter fallen, Situationen für euch zu schaffen, die euch auf eurem Weg stärken.

Die Aufgabe der Lichtbegleiter, die in dieser Zeit die menschliche Zivilisation begleiten, ist sehr kompliziert, weil sich die Dimensionen und Räume, die von der göttlichen Intelligenz für die Menschheit vorbereitet werden, in jeder Sekunde und Millisekunde ändern. In jeder Sekunde und Millisekunde kommt es in der menschlichen Gemeinschaft zu Entscheidungen, die das Schicksal der gesamten Menschheit wesentlich beeinflussen. Momentan existiert eine unendliche Menge von Dimensionen und Räumen, in die jeder einzelne Mensch einsteigen und die jeder Einzelne erleben kann. Die göttliche Intelligenz hat euch nicht grundlos den freien Willen und die freie Wahl gegeben. Sie hat für euch eine unendliche Menge an Möglichkeiten geschaffen, die euch jederzeit umgeben.

Eure Lichtbegleiter bemühen sich, euch durch euer Handeln und Denken dazu zu bewegen, in die für euch richtigen Dimensionen und Räume einzusteigen, damit euer weiterer Lebensweg je nach euren persönlichen Bedürfnissen so positiv und einfach wie möglich verläuft.

Eure Lichtwesen bemühen sich in jeder Sekunde und Millisekunde eures Lebens darum, euch auf eine Weise zu begleiten, dass ihr richtig entscheidet und euch nicht im Zuge weiterer, zukünftiger Inkarnationen im Kreis dreht, die euch Leid und Traurigkeit bringen und euch in der 3D-Realität und ihrer Matrix gefangen halten würden.

Das ist der Grund, warum ich, Vilalata, mich hier an euch wende. Ich möchte euch helfen, die Türen zu den Welten eurer Lichthelfer zu öffnen und ihre Informationen und Aufrufe verstehen zu lernen. Ich möchte, dass ihr lernt, ihre Worte der Liebe und des Verständnisses zu verstehen, die sie euch fortwährend zukommen lassen.

Eure Lichthelfer haben sich freiwillig und aus ihrer tiefsten Liebe zu euch für die Rolle eures lichtvollen Begleiters entschieden. Durch euer erweitertes Bewusstsein verbindet sich euer gemeinsames Feld der Liebe und des Lichts und ihr geht gezielt Hand in Hand mit euren Lichthelfern in eine positive Zukunft, die schon für euch bereitet ist.

Ihr könnt in jeder Sekunde oder Millisekunde in sie eintreten. Es genügt, einfach und positiv zu denken. Alle Möglichkeiten sind schon für euch geschaffen. Wenn ihr euch für einen einfachen, gezielten, positiven Weg entscheidet, verschmilzt die unendliche Menge an Dimensionen und Räumen zu einem Ganzen, und es eröffnet sich euch ein einziger breit angelegter Weg zum Glück, voller Magie, Liebe und Licht. Euer Glück kann euch nicht verfehlen, denn eure positive Entscheidung wird euch zu eurem Glück führen.

Eure & deine Vilalata

Frieden mit euch, Frieden mit uns!

9

Vilalata spricht über Selbstliebe und übergibt eine Übung mit Affirmation

Ein weiteres Thema, das ich sehr gerne ansprechen möchte, ist eure Selbstliebe.

Menschen, die keine Liebe zu sich selbst fühlen, verlieren die Möglichkeit der vollwertigen Anbindung an die göttliche Welt der Liebe. Sie sind der Kommunikation mit der unendlichen göttlichen Liebe dann einfach nicht fähig und erhalten auch keine Rückmeldung, wenn sie versuchen, mit der Welt der Liebe und des Lichts in Kontakt zu treten.

Menschen, die sich selbst nicht mögen, strahlen nicht dieses schöne und geradezu gleißende Licht aus, das von den Herzen derjenigen Menschen ausgeht, die sich selbst mit reinster Liebe beschenken und Verständnis, Respekt und Akzeptanz sich selbst gegenüber gefunden haben.

Menschen, die sich selbst nicht mögen, haben ein Herz, das in einer dunklen und fast schon grauen Energiehülle eingeschlossen ist. Die Energiehülle bindet ihr Herz und verhindert, dass es sich in seiner wahren Kraft und Schönheit zeigt.

Aus den Herzen dieser Menschen tritt nur sehr wenig Licht aus. Man könnte sagen, dass die Herzen dieser Menschen wie halb niedergebrannte Feuerstellen aussehen. Eine dunkle, graue Energie geht von ihnen aus, die viel Traurigkeit enthält.

Wir empfinden großes Mitgefühl für diese Menschen und wissen, wie schmerzhaft die Manipulation ihrer Inkarnationen für sie war. Wir wissen, wie oft sie verletzt wurden, wie oft ihnen Unrecht getan wurde, bis sie den Respekt vor sich selbst und die Selbstliebe verloren und in ihren Herzen nur noch Schmerz und Trauer gefühlt haben. Traurigkeit hat den größten Anteil daran, dass diese Menschen keine Selbstliebe mehr für sich aufbringen.

Die Traurigkeit wurde in ihnen während unzähliger Inkarnationen hier auf der Erde entwickelt, und man könnte sagen, dass diese Traurigkeit bei ihnen bis tief ins »Mark« reicht.

Diese Traurigkeit macht sie unglücklich, depressiv, sie fühlen sich dadurch einsam und verlassen. Oft steigen eine Wut und Angst in ihnen auf, die sie sich selbst nicht erklären können und bei der sie nicht wissen, woher sie kommt.

Wieder Selbstliebe in sich zu finden gelingt allerdings nicht von einem Tag auf den anderen. Auch die Zivilisation meiner plejadischen Vorfahren ist erst durch eine lange Phase der Traurigkeit und der Angst gegangen. Aber ihr Wunsch, als Ganzes in höhere Ebenen aufzusteigen – als gesamte Zivilisation –, hat ihnen jeden Tag mehr und mehr Kraft gegeben, über den eigenen Schatten zu springen und die Gefühle mangelnder Selbstliebe abzulegen.

Wir wissen, dass es möglich ist, wieder in die Selbstliebe zu gelangen, und wir fühlen mit euch, die ihr auf der Suche nach der Selbstliebe seid. Ich weiß, dass ihr sie in euch finden werdet, und ich sehe diese Entwicklung bei vielen.

Ich sehe, dass eure Herzen erloschen sind und dass nicht so viel Licht aus ihnen strömt, wie es sein sollte.

Aber ich sehe auch, dass sich viele von euch dem Liebevollen und Lichtvollen wieder anzunähern versuchen.

Ein Mangel an Selbstliebe verhindert die Kommunikation mit der Lichtwelt. Ein Mangel an Selbstliebe verhindert die Kommunikation mit allen Wesen guten Willens. Nur erstrahlte Herzen gehen in Resonanz mit liebevollen Frequenzen und Räumen.

Ich möchte euch helfen, euch eurer Liebe zu euch selbst wieder anzunähern, euch allem Liebevollen und Lichtvollen anzunähern. Ich möchte, dass ihr die Resonanz des Lichts und der Liebe von Wesen und Menschen spürt, die Selbstliebe in sich tragen.

Jeder Schritt hin zur Selbstliebe verhilft euch zu einer erfolgreicheren Kommunikation mit den Wesen des Lichts und mit eurer kosmischen Familie.*

∞

Um deine Traurigkeit in Freude und Liebe zu dir selbst umzuwandeln, kannst du die folgende Übung machen. Diese Übung ist sehr einfach. Du benutzt dabei die heilenden Eigenschaften von Farben und die Heilkraft der Worte.

Wenn du möchtest, verbinde dich während dieser Übung mit mir. Ich, Vilalata, dehne dazu mein Bewusstseinsfeld aus und verbinde mich bei diesem Heilprozess mit dir.

Vielleicht wirst du bei der Übung spüren, dass sich an manchen Stellen deines Körpers negative energetische Belastungen lösen, die sich in deinen Zellen abgesetzt hatten.

Wir werden uns gemeinsam auf dein Herz konzentrieren, das die Information an dein gesamtes System weitergibt.

Die Zellen deines Herzens erhalten so die Möglichkeit, sich auf positive Frequenzen umzuprogrammieren und die Schwingung der Liebe zu empfangen.

Ich bin mit dir und begleite dich.

---

* Ein vollständiger Kurs in *Selbstliebe zur Heilung auf allen Ebenen* mit vielen Anleitungen, Botschaften und Übungen der Plejader liegt als 2,6 Stunden lange Doppel-CD vor, von Pavlina eingesprochen; auch als Download erhältlich.

ÜBUNG ZUR UMPROGRAMMIERUNG DEINES HERZENS AUF FREUDE

Stelle dir vor deiner Brust, vor deinem physischen Herzen, kräftig und in satten Farben, ein virtuelles Herz vor. Zur Inspiration möge dir die hier abgebildete Zeichnung dienen.

Das virtuelle Herz pulsiert in einem wundervoll strahlenden Orange. Es ist so klar, dass du es dir wie einen leuchtenden orangefarbenen Kristall vorstellen kannst. Die Farbe hilft dir, Traurigkeit auf Freude umzuprogrammieren.

Von diesem orangenen Herz geht eine wunderschöne lilafarbene Energie aus. Sie ist beweglich und lebendig. Lila ist die Farbe der Transformation. Sie verwandelt die negative Belastung deines Herzens in lichtvolle Energie.

Stelle dir nun vor, wie dieses virtuelle Herz sich deinem physischen Herzen nähert. Es kommt immer näher, bis es mit deinem physischen Herzen verschmilzt und sich mit ihm verbindet. Du spürst, wie das strahlende Orange deine Traurigkeit und die Emotionen im Herzen, die nicht zu dir gehören, in Freude und Glück umwandelt.

Das lilafarbene Licht transformiert die Belastungen, die zuvor die Energie deines Herzens gebunden hatten.

Nun atme tief und sprich …

»Mein Herz empfängt das Licht der Freude
und des Glücks.

Die Energie meines Herzens schwingt in
lichtvoller, göttlicher Energie.

Die Kraft meines Herzens verbindet sich mit der positiven und unendlichen Kraft der Liebe der göttlichen Quelle.

Ich fühle Freude, Glück und Liebe.

Liebe ist mein Geburtsrecht.

Die Liebe der göttlichen Quelle verbindet mich jetzt mit meiner Selbstliebe.

Ich liebe mich.

Ich liebe ganz und gar meinen Körper, ich liebe meine Seele, ich liebe meinen Geist.

Ich liebe mich auf allen Ebenen meines Seins.

Ich liebe mich.

Ich liebe meine Existenz.

Ich bin Liebe.
Ich bin ein Kind der göttlichen Liebe.
Ich liebe mich.«

Wiederhole die Affirmation am besten drei Mal laut hintereinander.

Diese Übung mit Affirmation kannst du solange durchführen, bis du die Freude in deinem Herzen deutlich spürst. Du wirst selbst merken, wie oft und wie lange du an dir arbeiten sollst. Das Herz, das du dabei visualisiert hast, kannst du in deinem physischen Herzen belassen. Es darf dort so lange seine hilfreiche Wirkung entfalten, wie deine Intuition es dir sagt.

Jedes Wort der Affirmation ist durch uns programmiert. Jedes Wort trägt eine stark heilsame Schwingung in sich.

Deine Seele kann die Worte entschlüsseln und in ihr System einkodieren – sie tragen genau die Schwingung, die dein System in diesem Augenblick gerade benötigt.

Vielleicht spürst du beim Betrachten der Zeichnung oder beim Aussprechen der heilsamen Affirmation, wie die Zellen deines Körpers einkodierte Emotionen abgeben, die dich zuvor an der Selbstliebe gehindert haben. Vielleicht bekommst du auch eine Gänsehaut oder spürst, wie dich ein Frösteln durchläuft.

Aber auch wenn du keine Reaktion an dir feststellst, bedeutet es nicht, dass in deinem System nichts geheilt wird.

Es ist wichtig, nach dieser Übung viel Wasser zu trinken, damit sich deine Zellen und alle belasteten Stellen befreien können. Wenn du möchtest, kannst du diese Affirmation auch auf einen Zettel übertragen und dein Wasser damit programmieren. Klebe den Zettel dazu auf die Flasche oder Karaffe mit Wasser oder stelle die Karaffe oder Flasche oder ein Glas mit Wasser für mindestens drei Minuten auf den Zettel mit der Affirmation.

Dann ist dein Wasser programmiert und bereit, dir zu deiner Selbstliebe zu verhelfen. Du kannst das Wasser so oft trinken, wie du möchtest – gemäß deiner Intuition.

Ich, Vilalata, werde dich bei deinen weiteren Schritten zu deinem erfolgreichen Kontakt mit der Lichtwelt begleiten. Das Finden deiner Selbstliebe beziehungsweise die Arbeit für ihr Auffinden erleichtert dir den Kontakt mit den Lichtwesen.

Danke für deine Liebe und für dein Vertrauen.

In tiefer Liebe!

Vilalata

10

Vilalata begleitet euch zu eurer ersten gechannelten Kommunikation mit den Lichtwesen

Eure Selbstliebe erleichtert euch euer tägliches Leben. Sie erleichtert euch den Umgang mit anderen Menschen, weil ihr euch selbst respektieren und im Einklang mit eurer Gutherzigkeit handeln werdet. Ihr werdet die Situationen eures Alltags besser bewältigen können, weil euch eure Selbstliebe das Geschehen des Lebens mit mehr Überblick sehen lassen wird.

Ihr werdet feststellen, dass im Leben die Liebe und das Handeln im Einklang mit der Liebe das Wichtigste sind. Ihr werdet feststellen, dass das euer Leben viel besser, einfacher und leichter macht. Ihr werdet feststellen, dass ihr anderen nichts mehr vorzumachen braucht, weil ihr verstehen werdet, dass euch die Menschen so mögen, wie ihr in eurem tiefsten Inneren seid.

Und wenn sie sich nicht mit euren Ansichten identifizieren, die im Einklang mit eurer Herzensliebe stehen, ist das nicht euer, sondern deren Problem. Es ist dann ihr Problem.

Für die Kommunikation mit den Lichtwesen und mit Wesen guten Willens wird Selbstliebe euer Schlüssel zu den Welten sein, in die ihr einsteigen möchtet.

Und nun möchte ich mit euch zu einer Channeling-Übung für euren ersten Kontakt mit einem Lichtwesen übergehen …

Ich werde euch führen und die ganze Zeit über begleiten. Ich werde euch bei der Hand nehmen, mein höheres Bewusstsein mit eurem höheren Bewusstsein verbinden und euch den Weg zur Kommunikation öffnen. Ich werde euer persönliches Licht anheben, damit ihr die Informationen, die euch übergeben werden, gut verstehen könnt.

Ich werde mit euch sein. Ihr werdet mich spüren.

Falls ihr das erste Mal so kommuniziert, seid euch bewusst, dass Übung wichtig ist. Es heißt nicht umsonst: Übung macht den Meister. Es ist notwendig, die Kommunikation und Anbindung immer wieder zu üben und nicht nach den ersten Versuchen gleich aufzugeben. Denkt daran, dass die Realität des Menschen in vergangenen Zeiten stark manipuliert wurde und jeder Mensch erst wieder zu seiner Natürlichkeit zurückfinden muss. Er muss neu lernen, seine Sinne zu nutzen, und er muss neu lernen, feinstofflich wahrzunehmen.

Er muss lernen, sich häufig und ganz natürlich im Zustand des Hier und Jetzt zu befinden.

Je öfter ihr so kommuniziert, desto mehr erhöht sich die Anzahl der Gehirnsynapsen und eure Zirbeldrüse vergrößert sich. Die Schwingung des Lichts in eurem System nimmt zu. Eure Zellen gewöhnen sich an höhere Bewusstseinsdimensionen. Sie sehnen sich nach diesem Licht und werden es nicht aufgeben wollen. Euer System wird euch ganz natürlich dorthin führen, damit ihr eure Kontakte mit der Lichtwelt nicht einstellt.

Wenn ihr zu denjenigen gehört, die schon einmal gechannelt haben, ist es gut zu wissen, dass eure Kommunikation und eure

Sinneswahrnehmungen sich stetig weiterentwickeln. Es existieren keine Grenzen für euch, eure Kontakte werden im Laufe des Übens immer klarer, immer farbenfroher werden und können sich in unendlichem Maße und Umfang ausdehnen.

Ich werde alle führen, die sich meine Hilfe wünschen.

DEINE GANZ PERSÖNLICHE CHANNELING-ÜBUNG

Als Erstes überlege dir, mit welchen lichtvollen Wesen du dich verbinden möchtest. Wenn du bisher noch nie gechannelt hast, binde dich an deine persönlichen Engel oder an deine persönlichen Lichtbegleiter an.

Setze dich nun gemütlich hin und verbinde dich mit mir, deiner Begleiterin Vilalata.

Mein Name genügt, damit ich bei dir bin. Sprich ihn einfach aus: »Vilalata!«

Verbinde dich jetzt mit der Erde. Und zwar, indem du das Erdsymbol betrachtest.

Und während dein Blick auf das Symbol der Erde gerichtet ist, sagst du:

»Ich bin geerdet. Ich bin geerdet. Ich bin geerdet.«

Stelle dir vor, wie alle Chakren deines Körpers erstrahlen.

Dein Wurzelchakra erstrahlt, dein Sakralchakra erstrahlt, dein Solarplexuschakra erstrahlt, dein Herzchakra erstrahlt, dein Halschakra erstrahlt, deine beiden Ohrenchakren erstrahlen, dein Drittes Auge erstrahlt und dein Kronenchakra erstrahlt.

Bitte deine Seele, sich mit deinem Herzen zu verbinden. Hier und Jetzt.

Bitte deinen Geist, sich mit deinem Herzen zu verbinden. Hier und Jetzt.

Nimm die Verbundenheit im Hier und Jetzt wahr.

Lasse dein Herz erstrahlen und empfinde tiefe Dankbarkeit.

Betrachte jetzt das Sonnensymbol.

Das Sonnensymbol aktiviert deine Zirbeldrüse und öffnet die Chakren über deinem Kopf. So erlangst du Zugang zu den Welten und Dimensionen, mit denen du dich verbinden möchtest.

Schließe deine Augen.

Sende nun einen Lichtstrahl aus deinem Herzen hinauf zu den oberen Lichtchakren. Er verbindet sich mit den Lichtchakren über deinem Kopf und steigt höher und höher hinauf, um sich dann mit deinem höheren Bewusstsein zu verbinden.

Sende jetzt deine Absicht zu den Wesen aus, mit denen du dich verbinden möchtest.

Sprich dazu die folgenden Worte: »Meine reinste Absicht verbindet mich mit meinem Schutzengel [oder: … mit meinem Lichtbegleiter … mit meiner kosmischen Familie … mit meiner Familie im Licht].

Ich bitte um Informationen, die für mich nützlich sind.

Ich bitte um Informationen, die ich gut verstehen kann.

Ich empfange alle Informationen in tiefer Dankbarkeit.

Danke, danke, danke.«

Entspanne dich und lasse die Informationen zu dir kommen. Das können Bilder sein, Worte, Farben oder Formen, jede erdenkliche Art von Eindrücken und Wahrnehmungen.

Lasse dir Zeit und beobachte, was für Informationen da zu dir kommen.

Beobachte, in welcher Form sie zu dir kommen.

Wenn du das Gefühl hast, dass du die benötigten Informationen erhalten hast, bedanke dich dafür. Spüre die Dankbarkeit tief in deinem Herzen.

Und beoachte, wie dein Lichtstrahl sich von deinem Höheren Ich abtrennt.

Beobachte, wie er allmählich kürzer wird und über deine Lichtchakren in dein Herz zurückkehrt. Dein Herz strahlt weiterhin. Es strahlt hell und warm.

Und jetzt sprichst du die Worte: »Ich [verwende hier deinen Namen] bin wieder vollständig zurückgekehrt in den Raum und die Zeit meiner persönlichen Realität.

Meine Seele, mein Geist und meine Energie befinden sich absolut vollständig in meinem System. Ich bin absolut mit der Erde verbunden.

Danke, danke, danke.«

Sobald du deinen Kontakt beendet hast, trenne auch ich, Vilalata, mich energetisch von deiner persönlichen Energie ab. Bei deinen weiteren Channeling-Kommunikationen werde ich dich so oft begleiten, wie du dies möchtest.

Es ist mir eine große Ehre, dich zu begleiten. Ich wünsche mir, dass du jederzeit mit deinen Lichtbegleitern, deiner kosmischen Familie oder deiner Familie im menschlichen Himmel in Kontakt treten kannst. Ich bin überzeugt, dass du mit der Zeit so sehr darin geübt sein wirst, dass du meine Hilfe nicht länger benötigst.

Ich wünsche dir, dass du Informationen erhältst, die dir bei der Entwicklung deines Bewusstseins und deiner Spiritualität helfen. Es kann hilfreich sein, wenn du dir die Informationen, die man dir zukommen lässt, aufschreibst.

Ich wünsche dir, dass du bemerkst, dass die Lichtwesen mit dir Hand in Hand gehen und nie von dir getrennt sind. Die Lichtwesen werden uns allen von der göttlichen Intelligenz geschickt, damit wir die Liebe und Begleitung der feinstofflichen Wesen fühlen.

Damit wir fühlen, dass die Lichtwesen uns lieben und ihr Licht an uns weitergeben.

Damit sie uns daran erinnern, dass wir alle aus der göttlichen Quelle gekommen sind und niemals von ihr getrennt waren.

Ich wünsche dir viel Erfolg bei deiner Arbeit. Ich werde dich immer begleiten, solange du es dir wünschst.

Eure & deine Vilalata

Frieden mit euch, Frieden mit uns!

11

Informationen zum Kontakt mit Wesen aus der Lichtwelt

Durch die gezielte Anbindung an die Lichtwelt und ihre Wesenheiten wird euer gesamtes energetisches System und damit auch euer gesamter Organismus durchleuchtet.

Eure Zellen werden erstrahlen, weil sie sich über die Verbindung mit den höheren Ebenen sehr freuen, sind eure Zellen doch in der göttlichen Lichtquelle entstanden, genau wie alles andere, was sich in diesem unendlichen Universum befindet.

Erlaubt uns jetzt, euch als Team, zu dem neben Vilalata noch Ramuel und andere eurer plejadischen Begleiter gehören, einige weitere Informationen zu übergeben, die eure zukünftigen Channelings der Lichtwelt und der lichtvollen Wesen betreffen. Durch eure Lichtbegleiter oder durch die Lichtwesen werdet ihr Botschaften und Wissen direkt aus der göttlichen Quelle erhalten. Die Anwesenheit dieser Wesen allein wird euch augenblicklich mit der göttlichen Quelle und ihren Informationen verbinden.

Ihr werdet euch beim Kontakt mit den lichtvolle Wesen teilweise sogar selbst in der göttlichen Quelle befinden.

Und die Systeme eures Körpers, eurer Seele und eures Geistes werden die göttliche Frequenz spüren.

Jede Anbindung an die Lichtwelt bringt einen Teil eurer göttlichen Energie und einen Teil eurer göttlichen Heimat zu euch. Ihr werdet mehr und mehr spüren, dass das Licht und die Reinheit der Seele euer wahres Wesen sind.

Ihr werdet diese wunderschöne göttliche Energie in euch spüren und nach einer Weile auch nach dieser Energie handeln, in Reinheit und in Liebe. Eure Anbindung an die Lichtwelt wird euch Verständnis für die Komplexität des lichtvollen Geschehens bringen und gleichzeitig Verständnis dafür, welche Veränderungen ihr in eurem Alltagsleben vornehmen solltet.

Ihr werdet verstehen, dass euer Handeln vielleicht nicht immer mit den göttlichen Gesetzen und mit den Gesetzen der Gerechtigkeit in Resoanz stand. Ihr werdet verstehen, dass ihr euch oft für jemanden anderen hieltet, als ihr eigentlich seid. Vielleicht habt ihr euch unterschätzt, vielleicht habt ihr euch überschätzt.

Ihr werdet verstehen, dass eure Schutzengel und Lichtbegleiter euch immerfort lieben. Sie lieben euch auch dann, wenn ihr das Gefühl habt, unvollkommen und voller Fehler zu sein. Sie lieben euch trotz eurer vermeintlichen Unvollkommenheit.

Eure Schutzengel und eure persönlichen Lichtbegleiter lieben euch bedingungslos, unter allen Umständen und zu jeder Zeit. Ihr werdet niemals Worte des »Widerspruchs« oder des Unverständnisses von ihnen hören. Stets werden sie euch Vorschläge mit unterschiedlichen Lösungen für eure Situation und zur Verbesserung eurer Gesundheit geben.

Sie wünschen sich nichts mehr, als euch glücklich und in Harmonie zu sehen.

Und sie überbringen euch ihre Lösungen oder Anleitungen immer in reinster Liebe. Daran erkennt ihr, dass sie es sind, mit denen ihr in Kontakt steht, und dadurch braucht ihr nie daran zu zweifeln, ob sich jemand anderes an euch angebunden hat.

Eure verstorbenen Verwandten und eure Vorfahren werden möglicherweise direkt und ohne Umwege mit euch kommunizieren. Vielleicht erkennt ihr sie an bestimmten Eigenschaften, die sie im irdischen Leben hatten. Erwartet aber nicht von ihnen, dass sie sich euch immer mit ihrem Namen vorstellen. Die meisten Verstorbenen erinnern sich zwar noch an ihren Namen aus der letzten Inkarnation, aber eigentlich spielen die Namen aus vergangenen Inkarnationen keine Rolle mehr für sie.

In der Lichtwelt brauchen Verstorbene keinen Namen, weil sie sich telepathisch und über die Schwingung ihrer Seele gegenseitig erkennen. Diese Schwingung ist ihre Signatur. Wenn sie mit dem Namen ihrer letzten Inkarnation mit euch kommunizieren, tun sie das nur, damit ihr sie erkennt. Für sie selbst haben Namen nach ihrem physischen Tod keine Bedeutung mehr.

Sie spüren die Verbundenheit mit der Gesamtheit und die Verbundenheit mit der Familie im Licht, zu der sie gehören.

Wenn die Verstorbenen mit euch kommunizieren, werdet ihr vielleicht feststellen, dass ihre Sprechweise sich verändert hat. Ihr werdet feststellen, dass ihre Sprache jetzt viel edler und gehobener ist. Das hat einen ganz einfachen Grund.

In vielen Fällen haben sie nach ihrem physischen Tod ihren persönlichen irdischen Schmerz vergessen, weil sie Heilung erfuhren. Auch die Heilung durch die göttliche Gnade, die seit Juni 2021 verstärkt auf die Verstorbenen wirkt, heilt ihren irdischen Schmerz. Darüber hatten wir schon im vorigen Buch berichtet.

Jeder Verstorbene wird euch in seinen Botschaften wissen lassen, dass ihm nach dem Verlassen der physischen Erdenwelt Verständnis über die gesamte göttliche Existenz und eine lichtvolle Verbindung zuteil wurde. Die meisten Verstorbenen werden euch mitteilen, dass das Sein ungleich mehr ist als das Leben in der irdischen Welt. Das war ihre intensivste Erfahrung.

Wenn ihr euch an *eure kosmische Familie* anbindet, werdet ihr ihre grenzenlose Liebe zu euch und eine tiefe Dankbarkeit fühlen, Dankbarkeit dafür, dass ihr gerade eine Inkarnation in einem menschlichen Körper erlebt und dass ihr damit zur Gesamtbefreiung der Menschheit in dieser komplizierten Angelegenheit beitragt. Eure kosmische Familie wird euch Informationen und Heilfrequenzen eures Heimatplaneten übergeben, damit ihr in eurem menschlichen Körper die Kraft habt, eure Aufgabe zu meistern. So unterstützen sie eure Inkarnation.

Ihr alle kommt aus verschiedenen Teilen dieser Galaxis, viele von euch stammen sogar von noch weiter her. Entfernung spielt für eure kosmische Familie keine Rolle. Entfernung kann euch nicht von ihr trennen. Eure kosmische Familie kann jederzeit energetisch in eure Realität eintreten. Es ist nur eine Frage dessen, ob ihr für diesen Kontakt seelisch und körperlich schon bereit seid und die Informationen und hochschwingenden Frequenzen eures Heimatplaneten empfangen könnt.

Wenn ihr euch mit uns, *den plejadischen Wesen*, verbindet, könnt ihr uns zweifelsfrei daran erkennen, dass mit unserer Ankunft und unseren Informationen gleichzeitig heilende plejadische Frequenzen und Schwingungen zu euch kommen.

Außerdem bringt euch jeder Kontakt mit uns auch eine Heilung eures Gesamtsystems. Aber unser Licht schwingt sehr schnell, und so können wir uns nur dann vollständig mit euch verbinden, wenn euer System wenigstens größtenteils gereinigt ist. Sonst wird der Kontakt mit uns zu intensiv für euch sein und euer Energiesystem kann unsere Energie nicht halten.

Jeder Kontakt mit uns bringt euren Zellen unser plejadisches Licht, ein Licht aus der siebten Bewusstseinsdimension. Wenn plejadische Wesen mit euch kommunizieren, die nicht mehr körperlich, sondern schon im ätherischen Körper existieren, durchleuchten sie euren Körper mit Lichtenergie aus der neunten Bewusstseinsdimension.

Ihr könnt es euch so vorstellen, dass eure Zellen, die bisher in 3D geschwungen haben, sich an das Licht der höheren Bewusstseinsdimensionen gewöhnen und niedrigschwingende Energie, die sie noch in sich tragen, erst abgeben müssen.

Aber jeder weitere Kontakt mit uns wird für euch immer einfacher, leichter und lichtvoller sein.

Bei den ersten Kontakten mit uns könnte Müdigkeit auftreten, weil euer System Negativitäten abgibt und danach unser plejadisches Licht aufnimmt, das gleichzeitig mit dem Licht Gottes und all seinen liebevollen Eigenschaften verbunden ist.

Aber jeder Kontakt mit uns bringt euch Heilung, Licht und Liebe. Nicht einfach Liebe, sondern göttliche Liebe. Gleichzeitig bringt er euch die Liebe und das Licht der Christusfrequenzen, da wir mit vollem Herzen an diese Frequenzen angebunden sind. Wir bringen euch das Licht unserer höheren Dimensionen, und bei jedem Kontakt mit uns wird euer Bewusstsein den Impuls verspüren, sich weiter auszudehnen.

Dadurch dehnt sich auch euer Wissen aus und ihr könnt euch an bestimmte morphogenetische Felder anbinden, die zu eurer persönlichen spirituellen Entwicklung beitragen.

Ihr werdet sehen, dass euer persönliches Licht durch häufige Kontakte mit uns wachsen wird. Eure Selbstliebe wird sich vertiefen und ihr werdet mehr Liebe zu anderen Menschen verspüren. Ihr werdet mehr Liebe zu allen Tieren und Pflanzen verspüren. Ihr werdet einen Gesamtüberblick über euer Leben erhalten und Verständnis erlangen für jede eurer Handlungen, jedes eurer Gefühle und für euer gesamtes Sein. Eure Verbundenheit mit Menschen guten Willens wird sich immer mehr vertiefen.

Ihr werdet eine riesige Menge kosmischer Energie erhalten, die euch an die Quelle der Unendlichkeit anbindet, und eure Körper werden anfangen, sich zu regenerieren und zu verjüngen, dank der lichtvollen Energien und des Zusammenspiels aller Lichtinformationen, die im Augenblick des Kontakts zu euch kommen. Eure Krankheiten werden euch verlassen, weil euer Geist die Regeln der höheren Bewusstseinssphären verstanden hat.

Auch wenn euch unsere Energie zum Abgeben von Belastungen anfangs recht stark vorkommen kann, kommt aus unserer Energie immer unsere Liebe, und diese Liebe begleitet euch und heilt eure Herzen. Wir kommen immer und jederzeit in Liebe zu euch, in Frieden und Verständnis. Unsere Informationen sind umfassend, aber stets hilfreich und liebevoll.

Unsere Absicht ist stets rein und klar. Wir helfen euch bei eurer Gesamtheilung, bei der Entwicklung eures Bewusstseins und beim Verstehen eurer Gesamtsituation.

Ramuel* und *Vilalata
mit ihren plejadischen Begleitern
Frieden mit euch, Frieden mit uns!

12

Der göttliche Strahl verbindet euch mit eurem göttlichen Plan

Eure Existenz auf diesem Planeten im menschlichen Körper ist edel und unfassbar wichtig. Eure Existenz hier auf der Erde dient dem Gesamtwohl der Menschheit.

Wir wissen, dass euch eure Existenz aus eurer Sicht und aus der Sicht der dreidimensionalen Wahrnehmung belanglos und unbedeutend vorkommen kann.

Glaubt aber daran, dass jeder von euch, der sich entschlossen hat, in dieser Zeit und in diesem Raum zu inkarnieren, einen Teil des göttlichen Plans in sich trägt, mit dem ihr alle vor eurer Ankunft auf dem Planeten Erde vertraut gemacht wurdet. Ihr wurdet über eure Aufgabe und über euer Handeln informiert, das ihr hier auf der Erde verrichten würdet.

Jeder von euch, der aufgeklärt ist und sich der Entwicklung seines Lichts und seines Bewusstseins widmet, trägt den göttlichen Strahl in sich, der euch fortwährend mit dem göttlichen Plan verbindet und euch über Veränderungen informiert, durch die der Planet Erde und die Menschheit gehen.

Jeder von euch ist ein Kind Gottes, und jeder von euch ist ein Gesandter Gottes auf diesem Planeten. Jeder von euch wird durch den göttlichen Strahl geführt und immer wieder an seinen göttlichen Ursprung erinnert.

Jeder von euch spielt in dieser Zeit und in diesem Raum eine bestimmte Rolle. Für diese Rolle habt ihr euch in den Räumen der Ewigkeit entschieden. Jede Rolle ist wichtig und gehört in das Mosaik der großen Ereignisse auf diesem Planeten. Jede Rolle ist ein genau durchdachter Plan der göttlichen Intelligenz, die euch zu eurer insgesamten Vollkommenheit und zum Ausstieg aus der 3D-Realität führt, den ihr so sehr herbeisehnt.

In jedem Moment ändert sich das Geschehen auf diesem Planeten. Aus unserer Sicht sieht es wie ein bewegliches Ganzes aus, das sich immerzu verschiebt und in einem ständigen Wandel ist. Die einzelnen Bilder und Abdrücke passen genau ineinander, zerfallen wieder und verändern sich je nach dem Gesamtzustand des Handelns und des Bewusstseins der einzelnen Menschen.

Wir sehen euch als ein einziges großes Ganzes, auch wenn sich dieses Ganze in jeder Millisekunde verändert und bewegt.

Jeder Mensch hat seine energetische Realität um sich herum, die beweglich ist und ihn mit anderen Menschen verbindet, die gleiche Programme durchleben oder aufgrund bestimmter Angelegenheiten aus der Vergangenheit noch miteinander verbunden sind. Und auch die Realität dieser Menschen verbindet sich je nach Ausmaß und Qualität ihrer energetischen Schwingung. Sie sind durch Zeit und Raum miteinander verbunden, und sie sind durch die Zeit und den Raum ihrer lichtvollen Entwicklung und ihres Handelns miteinander verbunden. Auch diese Menschen schwingen durch Resonanzprogramme und Frequenzen auf die gleiche Weise. Sie sind aber durch höhere Schwingungen verbunden.

Wir sehen euch als großes Ganzes, und dennoch können wir jeden von euch einzeln wahrnehmen. Wir können wahrnehmen, wie das Geschehen der Menschheit in ständiger Bewegung ist und wie jeder Einzelne von euch die Entwicklung und das Bewusstsein der Gesamtheit beeinflusst.

Alles ist beweglich. Alles ist miteinander verbunden.

Ihr seid mit Menschen und mit Wesen verbunden, die auf anderen Kontinenten oder auf der anderen Seite der Erdkugel leben. Eure Entwicklung, euer Handeln, euer Bewusstsein beeinflussen das Leben aller Lebewesen auf diesem Planeten.

Jedes Tier, jedes Geschöpf, jede Pflanze nimmt eure persönliche Schwingung und die Schwingung der Menschheit als Ganzes wahr. Jedes Element dieses Planeten, auch jedes in euren Augen nicht lebende Wesen wie Mineralien, werden durch euer persönliches und durch das gesamtgesellschaftliche Handeln und die Entwicklung der Gesamtgesellschaft beeinflusst.

Ihr geht wahrhaftig Hand in Hand mit diesem Planeten, mit seinen Zyklen, seinen Naturreichen und mit allen seinen Geschöpfen – den lebendigen und den unbelebten.

Das Licht und das Bewusstsein der Menschheit erhöhen sich, während eure Zeit große Veränderungen mit sich bringt, die kommen mussten. Alles, was auf diesem Planeten abläuft, führt zu einer Gesamtreinigung und Gesamtdurchleuchtung dieses Planeten, die sich schon lange vorbereitet hat und die dem göttlichen Plan entspricht. Das Licht der Menschheit als Ganzes erhöht sich. Ihr, die ihr euch für diese lichtvolle göttliche Situation entschieden habt, durchleuchtet gemäß dem göttlichen Plan die Realität dieses Planeten.

Auch wenn die Realität der menschlichen Wesen in manchen Gegenden dieses Planeten wie getrübt ist, erhöht sich dadurch das Licht der Menschheit insgesamt und verbindet sich mit den farbigen Strukturen und geometrischen Formen der kosmischen Welt.

Das Licht eurer Seele verbindet euch mit den Lichtern des Universums. Es verbindet euch gleichermaßen mit den Lichtern anderer liebevoller Zivilisationen, die gemeinsam mit euch diese Galaxis bewohnen. Das Licht und die Klangfrequenz eurer Seele verbinden euch mit den Lichtern und Tönen der kosmischen Höhen, aus dem alles Essenzielle besteht – mit dem liebevollen göttlichen Licht und den Klangfrequenzen der göttlichen Welt.

Eure Seele bindet sich momentan an diese göttlichen Größen an und wird durch sie geführt. Sie wird geführt durch ihre Anbindung an die göttliche Quelle, die sie in sich trägt. Eure Seele erkennt, was in dieser Zeit essenziell ist, was liebevoll, lichtvoll und hochschwingend ist. Eure Seele gibt deshalb alles ab, was sie einschränkt und an ihrer Verbindung mit der göttlichen Heimat hindert. Eure Seele fühlt intuitiv, was ihrer Entwicklung und der Entwicklung der gesamten Gesellschaft dient, und richtet sich danach.

In jedem Augenblick des Gesamtgeschehens auf diesem Planeten erhöht sich die farbige, energetische Intensität der Menschheit und dehnt sich aus.

Wir sind glücklich, dass wir dieses Geschehen und diese Entwicklung beobachten dürfen.

Wir sind glücklich, dass die Menschheit als Ganzes aus ihrem Schlaf erwacht ist, der Jahrtausende gedauert hat.

Wir sind glücklich, dass das Erwachen einzelner menschlicher Wesen zum Erwachen weiterer menschlicher Wesen und damit zum Erwachen der Gesamtheit beigetragen hat. Auch wenn euch das Erwachen aus eurer Sicht langsam erscheint, können wir aus unserer Perspektive sagen, dass das Erwachen in einer Rekordzeit stattgefunden und Prozesse gestartet hat, welche die Zukunft der Menschheit zum Positiven verändern.

Das bewegliche Mosaik der Ereignisse bei jedem Einzelnen von euch und der Gesamtheit der Menschheit strebt auf eine farbenprächtige und lichtvolle Einheit zu.

Wir danken euch von ganzem Herzen für eure Existenz auf diesem Planeten Erde.

Milin ***und seine plejadischen Freunde***
Frieden mit euch, Frieden mit uns!

13

Die göttliche Quelle befindet sich in eurem Herzen

Ihr habt auf Informationen gewartet, die für euch das Geschehen in der Lichtwelt und unter ihren Wesen »erhellen«. Die Kommunikation mit den Wesen der Lichtwelt wird euch solche Erkenntnisse bringen. Durch den Empfang von Informationen werdet ihr mit der Schwingung und Intimität eurer Bewusstseinsdimensionen verbunden sein. Und diese Dimensionen verbinden euch dann mit eurer göttlichen Heimat.

Eure göttliche Heimat ist euer Wesen, eure Essenz und alles, was euch zu reinen menschlichen Wesen macht. Eure Anbindung an Lichtwesen bringt euch Freude im Herzen, weil ihr euch mit einer Freude verbindet, die der göttlichen Quelle ureigen ist.

Eure göttliche Heimat, aus der ihr gekommen seid, ist eine unendliche Quelle der Liebe und des Lichts. Die göttliche Quelle ist nicht in der Zeit, sondern im Raum entstanden. Sie ist in einem Zwischenraum des unendlichen Geschehens des Nullpunktfeldes entstanden, das seit Anbeginn jeglicher Existenz *da* ist.

Ihr müsst nicht nach dem Entstehungspunkt der göttlichen Quelle suchen, denn sie war von jeher in euch. Ihr müsst nicht in der Zeit nach der göttlichen Quelle suchen, weil sie schon immer gewesen ist. Stattdessen dürft ihr im Raum suchen, in dem es die unendliche Existenz der göttlichen Quelle gibt.

Doch Zeit existiert in der göttlichen Quelle nicht.

Zeit gibt es auf eurem Planeten und auf Planeten, auf denen Zivilisationen mit Hilfe der Zeit missbraucht wurden, wie es bei euch der Fall war. Deshalb denkt ihr in Zeitabschnitten und richtet euch nach der Zeit. Aber im Universum und in der unendlichen göttlichen Quelle existiert Zeit nicht.

Die göttliche Quelle ist ein unendliches Geschehen, das von Liebe geführt wird. Es wird von den Gesetzen und Regeln der Liebe geführt. Liebe ist Frequenz, Schwingung, Licht, Dankbarkeit, die unendliche Möglichkeit der Farben und die unendliche Möglichkeit der Formen. Alles, was in der göttlichen Quelle entsteht, besteht aus unendlichen Möglichkeiten.

Und Liebe ist das, was euch göttlich macht.

Eure Seele, euer Geist sowie die Essenz eures Körpers sind in der göttlichen Quelle entstanden. Die unendliche Intelligenz der göttlichen Quelle hat euch Gestalt und Eigenschaften gegeben – die Gestalt und die Eigenschaften eines Menschen.

Und alles, was in der göttlichen Quelle entstanden ist, besteht aus göttlicher Geometrie. Ihr besteht aus göttlicher Geometrie, vom göttlichen Licht genährt. Alle Formen und alle Wesen – lebendig und unbelebt – bestehen aus lichtvoller Geometrie.

Ihr Menschen seid der göttlichen Quelle so nahe!

∞

Euer Herz ist das Tor zur göttlichen Quelle. Die göttliche Quelle befindet sich im Heiligen Raum eures Herzens, und gleichzeitig befindet sich im Heiligen Raum eures Herzens das unendliche Geschehen des unendlichen Universums.

Euer Herz verbindet euch mit allem, wahrhaftig mit allem. Man könnte sagen, dass jeder von euch der Mittelpunkt des Universums ist, weil sich in eurem Herzen der Heilige Raum befindet – euer Zugang zur göttlichen Quelle.

Der Heilige Herzensraum ist physisch in eurem Herzen vorhanden. Es ist ein vier Millimeter großer Bereich, der sich an der Hinterwand des rechten Vorhofs befindet, wo das sauerstoffarme Blut der Venen, das ins Herz einfließt, mit Sauerstoff und Energie angereichert wird. Diese Energie kommt aus dem stark energetisierten Heiligen Raum eures Herzens, der vom sogenannten Sinusknoten umschlossen ist.

Diesen Heiligen Herzensraum haben wir schon oft erwähnt. Durch ihn erreicht ihr das Bewusstsein der göttlichen Quelle. Es ist ein physisch sehr kleiner Raum, der euch zu den unendlichen Eigenschaften und Möglichkeiten der göttlichen Quelle führt, denn im Heiligen Raum eures Herzens befindet sich ein Nullpunktfeld mit freier Energie, die euch mit der freien Energie des unendlichen Universums verbindet. Er enthält auch den Zugang zu eurem eigenen Wissen und Bewusstsein und verbindet euch mit der Lichtwelt, die euch erfüllt und von der ihr umgeben seid. Wenn sich eure positiven, reinen Gedanken mit dem Heiligen Herzensraum und der darin enthaltenen freien Energie verbinden, erhaltet ihr die Möglichkeit, eure Vorstellungen und Wünsche in der Realität zu manifestieren.

Der Heilige Raum eures Herzens wird vor allem durch Dankbarkeit und die Reinheit eurer Gedanken aktiviert. Dankbarkeit in eurem Herzen verbindet euch mit allem Lichtvollen und Liebevollen. Sie verbindet euch auch mit den Lichtwesen. Wenn es euch gelingen würde, kraft des Heiligen Raums in eurem Herzen visuell zu reisen, würdet ihr feststellen, dass euch dieses Tor – dieses Portal – in alle Räume und in alle Dimensionen des Universums bringt. Ihr würdet feststellen, dass er euch mit allen lichtvollen Wesen und Welten des Universums verbindet. Ihr würdet feststellen, dass ihr euch in jedem Augenblick des Hier und Jetzt mit der göttlichen Quelle und ihrer Unendlichkeit verbinden könnt.

Ihr würdet feststellen, dass der Heilige Raum eures Herzens der Schlüssel zu allem ist.

Die göttliche Quelle befindet sich eurer Vorstellung nach »irgendwo« im unendlichen Raum des Universums. Aber so ist es nicht. Dieser unendliche Raum befindet sich in euch. Die göttliche Quelle ist in euch. Sie befindet sich in eurem Herzen. Durch euer Herz seid ihr mit allem verbunden. Mit allem Wesenhaften. Mit allem Wesentlichen.

Über den Heiligen Raum eures Herzens könnt ihr in alle Räume und in alle Zeiten eurer Existenz reisen, ganz gleich, ob ihr sie schon erlebt habt oder ob ihr sie erst noch erleben werdet. Denn alle Zeit ist eins. Zeit existiert in der Lichtwelt nicht.

Wir möchten euch beibringen, euer Herz noch mehr wahrzunehmen. Denn euer Herz führt euch in die Unendlichkeit. Euer Herz ist ein Empfänger für alle kosmischen Frequenzen, Schwingungen, Farben, Formen und Informationen.

∞

Wir möchten, dass ihr dies versteht: Eure Herzen verbinden euch miteinander. In jedem Menschen gibt es einen solchen Zugang. Jedes gereinigte und lichtvolle, offene menschliche Herz ist ein Empfänger für alle göttlichen Informationen und vor allem für die höchste Form des Lebens, die es gibt – für die Liebe. Jedes reine Herz führt euch durch den Heiligen Raum unmittelbar zur göttlichen Quelle. Jedes menschliche Herz, das sich lichtvoll geöffnet hat, ist ein Empfänger für die göttliche Liebe.

Eure Herzen, die göttliche Werkzeuge sind, verbinden euch untereinander. Und Liebe ist der Schlüssel zur Aktivierung dieser göttlichen Instrumente eures Körpers.

Liebe ist etwas, wonach sich jeder Mensch sehnt, und jeder Mensch wünscht sich, in Liebe zu leben. Je höher die Frequenz der Liebe, die durch die Herzen der Menschen fließt, desto stärker die Verbindung zwischen den einzelnen Menschen und desto stärker die Verbindung zur göttlichen Quelle. Diese göttliche Quelle der Liebe ist überall um euch herum und befindet sich gleichzeitig in euch. Ihr seid Gesandte der göttlichen Liebe im menschlichen Körper. Ihr seid Gesandte des göttlichen Lichts auf diesem Planeten.

Je reiner euer Herz ist, desto klarer ist die Anbindung an euer göttliches Zuhause. Je reiner euer Herz ist, desto reiner ist die Anbindung an die Lichtwesen und die Anbindung an die reinsten Gesetze der Lichtwelt.

Eines Tages werdet ihr zurückblicken und sehen, dass sich euer Bemühen und Handeln gelohnt haben. Ihr werdet sehen, dass euer reines Herz euch jeden Tag mehr und mehr mit eurem göttlichen Wesen und mit allem verbunden hat, was wesentlich ist. Ihr werdet sehen, dass ihr riesige Fortschritte auf allen Ebenen gemacht habt.

Der Heilige Raum eures Herzens eröffnet euch unendliche Möglichkeiten, direkt aus der göttlichen Quelle. Durch ihn strömt in jedem Augenblick eurer Existenz hier auf der Erde eine unendliche Menge an Lichtfrequenzen und Lichtinformationen in euer Herz. Euer Herz speichert diese. Es speichert die lichtvollen Frequenzen und Informationen aus der Quelle und gibt sie an eure anderen Systeme weiter, an die Systeme von Körper, Geist und Seele und an die Systeme eures Energiekörpers.

Man kann es vielleicht am besten mit Lichtstrahlen vergleichen, mit einem lichtvollen Strömen, das beständig in den Heiligen Raum eures Herzens und weiter in euer Herzorgan fließt. Der Heilige Raum eures Herzens, in dem sich freie Energie befindet, verbindet euch mit der göttlichen Quelle, die auch im Heiligen Raums eures Herzens zuhause ist.

Alles ist verbunden und nimmt Einfluss aufeinander. Alles ist eins und durch Kreisformationen verbunden, die eine lichtvolle Datenbank des Universums bilden.

Alles ist eins, alles ist verbunden. Und diese Einheit, dieses Ganze, dieses Gesamtgeschehen, ist in der Lage, sich unendlich weit auszudehnen.

In jeder Millisekunde eurer Wahrnehmung ist es fähig, sich im Hier und Jetzt zu entfalten. In jedem Augenblick des Hier und Jetzt. Eure Einheit, die gleichzeitig eine Vielfalt des Gesamtgeschehens ist, kann sich im Hier und Jetzt umwandeln – in Unendlichkeit umwandeln. Genau so, wie die göttliche Quelle sich im Heiligen Raum eures Herzens befindet, befindet sie sich hier und jetzt überall um euch herum.

Im Augenblick des Hier und Jetzt – zum Beispiel bei der Meditation – spürt ihr die Verbindung mit allem. Ihr spürt auch die Verbindung zu euch selbst. Zeit und Raum sind eins. Ihr und die göttliche Quelle seid eins. Im Hier und Jetzt seid ihr der Mittelpunkt des Universums. Im Hier und Jetzt befindet sich das Universum in euch.

Und bei der Kommunikation mit den Lichtwesen werdet ihr wahrnehmen und verstehen, dass sich das, was sich um euch herum abspielt, auch in euch abspielt.

Ihr werdet verstehen, dass ihr nicht im Außen suchen müsst, weil ihr alles, was ihr sucht, in euch selbst findet.

Ihr werdet verstehen, dass ihr der Mittelpunkt des Universums seid und dass sich alles Geschehen in eurem Herzen abspielt.

Ihr werdet verstehen, dass euer Herz euch mit allem Wesentlichen verbindet.

Ihr werdet verstehen, dass eure Suche beendet ist, sobald ihr die Regeln und Gesetze der Liebe befolgt, denn die Liebe lässt euch mit allem Liebevollen und Essenziellen verschmelzen, das es gibt.

Eure Suche hört auf, und ihr werdet erfüllt von dem Wissen und der Weisheit, die sich um euch herum befinden und schon immer auch in euch befunden haben.

Wissen und Weisheit machen euch zu göttlichen und liebevollen Wesen.

Und jetzt denkt daran, dass wir jedes Wort mit Liebe, Licht, Dankbarkeit und Weisheit aufgeladen haben, damit die Energie dieser Informationen eure Herzen erfüllt. Euer Herz darf diese göttlichen Größen empfangen und durch sie heilen. Euer Herz ist der Schlüssel zum Auffinden der Göttlichkeit und der Ganzheit, nach der ihr strebt.

Orella, Ramuel, Wahou
und ihre plejadischen Gefährten
Frieden mit euch, Frieden mit uns!

14

Eine Affirmation für den Kontakt mit eurem Herzen

Euer Herz ist ein göttliches Werkzeug. Es ist in der göttlichen Quelle entstanden, und es trägt die göttliche Essenz in sich. Die Zellen eures Herzens tragen ebenfalls die göttliche Essenz in sich, die euch immer mit der göttlichen Quelle verbindet.

Eure Herzzellen haben eine eigene, spezifische Schwingung. Sie lässt euer Herz in kristallinem Licht erstrahlen.

Dieses kristalline Licht erzeugt in eurem Herzen ein eigenes kristallines Netzsystem, das euch mit Kristallfrequenzen aus der göttlichen Quelle verbindet. Über dieses Netz kommen Lichtinformationen zu euch, die von eurem Herzen in eure anderen Systeme übertragen werden. Man könnte sagen, dass euer Herz ein selbstständiges, von der Umgebung unabhängiges Instrument eures Körpers ist, das Lichtinformationen empfängt und an bedürftige Stellen eures Systems weitergibt.

Einfach ausgedrückt – euer Herz ist der Schlüssel *zu* allem und der Schlüssel *für* alles.

Die elektromagnetischen Lichtimpulse, die euer Herz unablässig aufnimmt, sorgen dafür, dass es in ständiger Bewegung ist, und auch seine Anbindung lässt es durchgehend arbeiten. Durch seine

Anbindung an die göttliche Quelle trägt es seine eigene göttliche Intelligenz in sich. Jede Zelle deines Herzens trägt die Intelligenz der göttlichen Quelle in sich.

Euer Herz ist ein Ausdruck der göttlichen Intelligenz.

Wenn ihr mit eurem Herzen in Verbindung treten oder kommunizieren möchtet, könnt ihr dazu eine Affirmation verwenden. Wichtig sind eure bewusste Entscheidung und eure Bewusstmachung, dass euer Herz der Schlüssel zu einem glücklichen und harmonischen Lebensweg auf diesem Planeten ist.

Es ist wichtig, Dankbarkeit dafür zu empfinden, dass euer Herz unablässig für euch arbeitet. Es arbeitet dafür, dass ihr die Möglichkeit erhaltet, euch an die positiven und liebevollen Frequenzen des Universums anzubinden und euch mit positiven und liebevollen Menschen und Wesen zu verbinden.

Die folgende Affirmation schenkt eurem Herzen Anerkennung. Die Worte der Anerkennung lassen eure göttliche Herzenskraft erstrahlen und aktivieren gleichzeitig die Kristallsysteme, die euch mit der Außenwelt und mit der Lichtwelt verbinden.

KONTAKTAUFNAHME MIT DEN LICHTWESEN DURCH DEINE HERZENSKRAFT

Du kannst diese Affirmation als ersten Schritt verwenden, um mit den Lichtwesen in Kontakt zu treten. Visualisiere dazu Licht in deinem Herzen und sende einen Lichtstrahl aus deinem Herzen zu deiner Zirbeldrüse aus. Beobachte, wie deine Zirbeldrüse erstrahlt. Je heller sie strahlt, desto leichter wird es dir fallen, mit der Lichtwelt in Verbindung zu treten und Informationen zu empfangen.

Nun sprich die folgende Affirmation …

»Im Hier und Jetzt trete ich in liebevollen Kontakt mit meinem Herzen.

Im Hier und Jetzt trete ich in Kontakt mit der Intelligenz meines Herzens.

Im Hier und Jetzt schenke ich meinem Herzen und jeder meiner Herzzellen Dankbarkeit.

Im Hier und Jetzt segne ich mein Herz und jede Zelle meines Herzens.

Ich aktiviere durch meine Absicht meine kristalline und lichtvolle Herzenskraft.

Ich aktiviere durch meine Absicht meine göttliche Herzenskraft.

Ich aktiviere durch meine Absicht meine Kommunikationsfähigkeit mit den positiven, liebevollen Lichtwesen.

Die lichtvolle Kraft meiner Dankbarkeit verstärkt meine Absicht und öffnet alle göttlichen Räume meines Herzens.

Danke, danke, danke.«

Orella, Ramuel, Wahou
und ihre plejadischen Gefährten
Frieden mit euch, Frieden mit uns!

15

Orella erklärt die Bedeutung jeder menschlichen Inkarnation

Was möchte ich euch noch ans Herz legen, das durch die Gruppe nicht bereits mitgeteilt wurde? Bleibt im Vertrauen, bleibt in eurer psychischen Kraft. Bleibt in eurer Ausdauer und verliert das Ziel nicht aus den Augen, nach dem ihr schon so lange strebt.

Ihr seid diejenigen, die auf die Erde gekommen sind, um der Menschheit und der Gesamtsituation der Menschheit, die bisher noch nie erlebt wurde, zu helfen. Ihr seid diejenigen, die schon vor der Ankunft auf diesem Planeten wussten, dass neue planetarische Konstellationen und eine Öffnung lichtvoller Portale stattfinden würden, mit dem Ergebnis, dass die dunklen Wesen und Mächte unschädlich gemacht werden.

Ihr wusstet, dass die dunklen Mächte alles dafür tun würden, um die lichtvolle Zukunft der Menschheit und die lichtvolle Konstellation der Erde zu unterbinden.

Ihr wusstet, dass jeder von euch, der auf diesen Planeten hinabsteigt, seinen Teil zur Gesamtbefreiung und zur Befreiung von euch allen beiträgt.

Ihr wusstet, dass sich der göttliche Strahl, den ihr auf diesen Planeten mitbringt, mit weiteren göttlichen Strahlen menschlicher Wesen verbinden würde.

Ihr wusstet, dass in dieser Zeit die einzigartige Möglichkeit bestehen würde, euch von euren persönlichen karmischen Angelegenheiten und von den karmischen Angelegenheiten der Menschheit als Ganzes zu befreien, die euch untereinander binden und schwächen.

Ihr wusstet, dass eure Inkarnation auf diesem Planeten nicht einfach sein würde, aber ihr wusstet auch, dass der Weg durch diese Inkarnation euch mit jedem Schritt leichter fallen und lichtvoller werden würde.

Viele menschliche Seelen haben sich entschieden, in dieser Zeit zu inkarnieren. Millionen von ihnen sind in die unterschiedlichste Bereiche aller fünf Kontinente dieses Planeten hinabgestiegen und an Orten inkarniert, die sehr lichtvoll sind und hoch schwingen. Sie sind an Orten inkarniert, wo sie über die Meridiane der Erde positive Energie auf ihre Umgebung übertragen und sich mit Orten verbinden können, die ihr Kraftorte nennt. Auf diese Weise ist es der Lichtenergie, die aus den inkarnierten menschlichen Seelen austritt, möglich, sich schneller und besser auf dem ganzen Planeten zu verteilen.

Viele andere menschliche Seelen haben sich für diese Inkarnation jedoch eine schwierigere Aufgabe ausgesucht und sind an Orten inkarniert, die nach wie vor eine schwere Energie in sich tragen. Sie haben sich entschlossen, als Menschen durch ihre Anwesenheit mit dem göttlichen Lichtstrahl bestimmte Bereiche und Gegenden des Planeten, die noch sehr niedrig schwingen, zu durchleuchten. Viele dieser Menschen können diese Orte erst dann wieder verlassen, wenn die niedrigschwingende Energie transformiert wurde und die dort befindlichen Wesen befreit oder in die ihnen eigentlich zugehörigen Räume und Dimensionen zurückgekehrt sind.

Viele weitere lichtvolle menschliche Seelen haben sich entschieden, in dieser bedeutsamen Zeit belastende Situationen oder Beziehungen auf sich zu nehmen und in einflussreichen Kreisen der Gesellschaft zu inkarnieren, die für die Entwicklung der Menschheit entscheidend sind. Nach der positiven »Entschlüsselung« der Energien, in die sie eingetaucht sind, rufen sie durch ihr Licht gewissermaßen eine energetische Lichtexplosion hervor, welche die betreffenden Kreise und Situationen durchleuchtet und aufweckt.

Viele menschliche Seelen gehen durch komplizierte Situationen oder Beziehungen, die der Menschheit in Zukunft ohne ihr inneres Licht eine negative Entwicklung beschert hätte. Ein Großteil dieser menschlichen Seelen hat bestimmte Situationen, in die sie inkarniert sind, durch die Anwesenheit ihres göttlichen Strahls positiv beeinflusst. Es ging ihnen oftmals nicht darum, ihre eigenen karmischen Angelegenheiten zu verarbeiten. Sie nahmen die schwierige Aufgabe auf sich, durch die Auflösung von Situationen in gewissen Gesellschaftskreisen der Menschheit zu helfen. Dabei handelt es sich um politische, wissenschaftliche oder gesellschaftliche Kreise, die der Menschheit viel Negatives beschert hatten.

Und jede menschliche Seele, die eine höhere lichtvolle Aufgabe auf sich nahm, hat das Licht der göttlichen Quelle und all ihre Eigenschaften mit auf diesen Planeten gebracht.

Jede menschliche Seele, jeder Leser dieser Worte, hat durch seine Anwesenheit die Menschheit befreit. Er hat karmische Angelegenheiten aufgelöst, die bisher verhindert haben, dass die Menschheit aus der 3D-Realität aussteigen kann. Jeder von euch, ganz gleich, in welcher Gestalt und an welchem Ort, hat an diesem lichtvollen Plan mitgewirkt.

Ihr alle gehört zum Gesamtplan. Auf jeden Einzelnen von euch kommt es an, auf die Intensität eures persönlichen Lichts, das euch durch diese Inkarnation führt.

Lasst euer göttliches Licht, das ihr in euch tragt, niemals erlöschen.

Lasst euch nicht vom Weg abbringen und hört immer auf eure Intuition.

Lasst euch von euren Lichtbegleitern und von eurem Höheren Ich führen.

Euer Weg ist noch lange nicht zu Ende. Es warten Situationen und Angelegenheiten auf euch, bei denen Vertrauen notwendig sein wird. Vertrauen in euren Plan und Vertrauen in den göttlichen Plan. Euer Vertrauen wird euch den Weg und die Schritte auf eurem Weg erleichtern. Euer Vertrauen wird euch mit Menschen guten Willens verbinden, die euch auf eurem Weg helfen. Und ihr helft ihnen durch eure Anwesenheit.

Die Verbundenheit zwischen euch Menschen ist ein bedeutender Schritt, auf den die menschliche Gemeinschaft zustrebt. Eure zunehmende Verbundenheit gibt euch Kraft, Ausdauer und positive Lebensenergie für euren Weg durch die Inkarnation.

Wisst stets: Ihr seid nicht allein. Ihr seid viele, die sich entschlossen haben, in dieser Zeit zu inkarnieren, um ihren Beitrag zu leisten. Vielleicht wisst ihr noch nicht voneinander. Vielleicht hattet ihr noch nicht den Mut, einander anzusprechen. Aber das göttliche Licht, das euren Herzen entströmt, wird euch zueinander führen. Es wird euch miteinander verbinden und euch erkennen lassen, wer in dieser Zeit mit guter Absicht und einer höheren Aufgabe auf diesen Planeten gekommen ist.

Vertraut und hört auf eure Intuition. Sie wird euch niemals enttäuschen.

Ihr werdet auf eurem Weg Schätze finden, die euch den Zugang zu euch selbst und den Weg zur Verbundenheit mit anderen eröffnen. Das Bedürfnis nach Verbundenheit wird immer stärker in euch wachsen, auch wenn ihr die Zeit mit euch selbst zu schätzen wissen werdet und die Zeit, die ihr in euer Bewusstseinswachstum investiert.

Aber das Gefühl der Verbundenheit und der Verbindung mit Menschen und Zivilisationen guten Willens, die sich auf anderen Planeten eurer Galaxis befinden, wird immer stärker in euch wachsen. Diese Verbundenheit wird euch immer mehr und intensiver miteinander verbinden und energetisch nähren. Ihr werdet zu einer riesigen Gemeinschaft werden, die wiederum ein Teil einer noch größeren Gemeinschaft ist.

Wir sind unglaublich stolz auf euch, und wir lieben euch.

Wir lieben euch von ganzem Herzen und fühlen eine tiefe Verbundenheit mit euch, die unsere Herzen erfüllt.

Gemeinsam mit euch sind wir zu einem abenteuerlichen Weg in die positive Zukunft und in den Aufstieg zu höheren Bewusstseinsräumen aufgebrochen.

Ihr befindet euch bereits kurz vor dem Ziel.

Wir sind bei euch und begleiten euch!

Orella und ihre plejadischen Gefährten

16

Der 21. Kosmische Schlüssel zur Befreiung der menschlichen Seele – die Frequenz der kosmischen Freiheit

Die Frequenz der kosmischen Freiheit befreit Schritt für Schritt alle Wesen dieses Planeten, die sich für ihre Befreiung entschieden haben. Selbst in der Dimension der Ewigkeit wird sie dazu genutzt, in der sich alle Wesen in ihrer lichtvollen Form und ohne physischen Körper aufhalten.

Die Frequenz der kosmischen Freiheit wird zur Befreiung genutzt, weil sie ihre ganz eigene energetische Qualität und eigene Eigenschaften hat. Jede kosmische Frequenz hat ihre eigene Qualität und andere Eigenschaften, und trotzdem spielen alle Frequenzen zusammen und kommen ohne eine gemeinsame, lichtvolle Verbindung nicht aus.

Auch zur Befreiung der Seele des menschlichen Wesens ist diese Frequenz der kosmischen Freiheit der wichtigste Schlüssel. Sie verbindet sich ständig mit weiteren Frequenzen und bringt dem menschlichen Wesen ein immer klareres Verständnis für seine Existenz – für seine lichtvolle Existenz, die in der göttlichen Quelle entstanden ist.

Die Frequenz der kosmischen Freiheit befreit die menschlichen Wesen und ihre Seele durch ihre energetische Kraft. Erst die Befreiung seiner Seele ermöglicht dem menschlichen Wesen seine Anbindung an die göttliche Quelle und all ihre Eigenschaften.

Wir Plejader verbinden uns während unserer regelmäßigen Meditationen ebenfalls mit dieser unendlich starken, umfassenden Frequenz. Sie verbindet uns mit allem Lichtvollen, Friedvollen und Liebevollen, das es gibt.

Wir lassen sie in unser Herz fließen und spüren dadurch unseren kosmischen Ursprung, den göttlichen Ursprung. Wir lassen sie in die Systeme unseres Geistes einströmen, damit sich unsere Gedanken mehr und mehr klären und wir an die Essenz unserer Seele in der göttlichen Quelle angebunden bleiben.

Auch wir müssen von Zeit zu Zeit unsere Gedanken reinigen, weil wir häufig in Kontakt mit Zivilisationen sind, die unsere Hilfe benötigen und niedriger schwingen als wir.

Der Aufenthalt in niedriger schwingenden Ebenen hat durchaus seine Wirkung auf uns. Aber die einzigartige Frequenz der kosmischen Freiheit befreit alle Wesen guten Willens.

Die kosmische Freiheit ist großartig in ihrer Göttlichkeit. Sie verbindet uns alle und bringt Erleichterung auf allen Ebenen der Existenz. Sie führt wunderschöne Regenbogenfarben mit sich, das ganze energetische Spektrum des freien Seins, in dem alle Aspekte für einen gelungenen Aufstieg in die lichtvollen Bewusstseinsräume enthalten sind.

Und diese Frequenz der kosmischen Freiheit kommt, ohne dass ihr es bemerkt habt, bereits seit einigen Jahren auf den Planeten Erde. Sie traf zusammen mit der Frequenz der kosmischen Christusliebe bei euch ein und hat euch nicht mehr verlassen.

Schon oft haben wir euch mitgeteilt, dass ein neues Licht und die Frequenzen von Farben auf eurem Planeten sichtbar sein werden, die ihr bislang nicht wahrnehmen oder mit eurem Sehsinn aufnehmen konntet. In jüngster Zeit konnten sehr viele von euch solche Farbnuancen, die sich an eurem Himmel zeigen, mit bloßem Auge sehen.

Auf der ganzen Welt tauchen immer mehr Fotos mit wunderschönen Farbformationen auf. In nächster Zeit wird dieses Farbspektakel noch größer werden, und die Frequenz der kosmischen Freiheit wird noch deutlicher zu erkennen sein. Sie zeigt sich in allen Regenbogenfarben oder als Teil eines Regenbogens. Dieses Farbspiel taucht an Stellen des Planeten auf, wo die Frequenz der kosmischen Freiheit besonders notwendig ist. Oder sie taucht im Gegenteil an Orten auf, an denen ein großer Teil der niedrigschwingenden Elemente bereits entstört und transformiert wurde. Es ist für sie daher einfacher, an diese Orte zu gelangen und dort in vollem Ausmaß zu erscheinen.

Ihr werdet euch über immer mehr verschiedenste Farbformationen freuen können, die für euren menschlichen Sehsinn gut sichtbar sein werden. Mit jedem Tag werden das kosmische Licht und seine Frequenzen, die auf den Planeten Erde herabkommen, klarer und erkennbarer. Mit jedem Tag wird das Licht des Planeten schöner und strahlender.

Der Planet Erde strebt weiter auf sein Ziel der Befreiung zu und verbindet sich mit allen menschlichen Wesen, die mit ihm den Weg zum Licht und zur Freiheit gehen. Man könnte sagen, dass er nach einer Zeit der Stagnation und der Gefangenschaft in einschränkenden Frequenzen ein gewaltiges Tempo und große Fahrt auf dem Weg zum Licht aufgenommen hat. Und das spürt die Bevölkerung dieses Planeten natürlich.

Alles läuft bei euch gerade immer schneller ab. In jeder Sekunde des menschlichen Seins zerfallen alte Strukturen, und es bilden sich Systeme, alles formt sich neu. Wenn wir aus einer höheren Perspektive auf die menschliche Gemeinschaft und auf den Planeten Erde blicken, sehen wir, welch gewaltige Bewegung und welche

Neuformation des Geschehens und der Situationen im System eines jeden einzelnen Menschen stattfinden.

Die Veränderungen und die Bildung neuer Formationen finden auch in den familiären Situationen jedes einzelnen Menschen statt – physisch wie feinstofflich – und ebenso in seinem Umfeld bei Freunden sowie in seiner nahen und weiter entfernten Umgebung. Dabei beeinflussen sich alle Menschen dieses Planeten gegenseitig, und ihre persönlichen Systeme werden durch die Systeme anderer Menschen des Planeten beeinflusst.

Es läuft ein Gesamtgeschehen ab, eine Neuformung unterschiedlichster Situationen und Strukturen. Man könnte es mit dem Treiben in einem Bienenstock vergleichen. Jede Biene hat ihre Aufgabe, ihr eigenes Bewusstsein, ihre eigene Tätigkeit. Und trotzdem verbindet sich das Bewusstsein jeder einzelnen Biene mit dem Bewusstsein der Bienen als Kollektiv. Und das ganze Kollektiv strebt zusammen auf ein gemeinsames Ziel zu.

Auch die menschliche Gemeinschaft strebt auf ein gemeinsames Ziel zu. Jede Tätigkeit und das Bewusstsein jedes einzelnen Menschen werden sich mit dem Bewusstsein des Kollektivs und mit den gemeinsamen Tätigkeiten des Kollektivs verbinden.

Ohne den Zerfall nicht funktionierender Systeme geht das nicht. Für die Entstehung neuer Strukturen und Formationen ist das notwendig. Die Frequenz der kosmischen Freiheit hilft euch auf diesem Weg und gibt euch Kraft und Ausdauer. Diese Frequenz trägt die Kraft des Erwachens und der unendlichen Freiheit in sich, der grenzenlosen göttlichen Freiheit – ohne Missgunst, ohne Neid und ohne jegliche anderen negativen Elemente.

Ladet diese kosmische Kraft in euer Herz ein, in eure Systeme, in euer ganzes, vielleicht sehr herausforderndes Leben.

Vielleicht werden eure ersten Schritte der Zusammenarbeit mit dieser wunderbaren Frequenz überwältigend sein, weil sie schneller Ergebnisse zeigen, als ihr erwartet hättet. Und vielleicht sind es Ergebnisse, die ihr euch so nicht vorgestellt habt und für die ihr euch erst neu einrichten müsst, um euren ersehnten Platz in diesem großartigen Leben zu finden.

Aber die göttliche Intelligenz übergibt euch nur so viel, wie ihr tragen könnt. Und wenn ihr euch vertrauensvoll auf euer neues Leben einlasst, könnt ihr sicher sein, dass die persönliche Befreiung eures Geistes, eurer Seele, eures Körpers und unterschiedlichster Systeme eures Seins auf diesem Planeten gelingen wird. Zumal ihr von euren Lichtwesen begleitet und unterstützt werdet, damit ihr alles mit eigener Kraft schafft.

Vertraut und geht weiter euren Weg zum Licht, zur Liebe, zum Frieden und zur Freiheit.

Ihr werdet spüren, dass dies der richtige Weg ist.

Ihr werdet spüren, dass dies der Weg zur eigenen Essenz ist.

Frieden mit dir, Frieden mit uns!

Es grüßt euch Orin

17

Befreiung von belastenden energetischen Programmen durch schriftliche oder mündliche Verträge

Auch wenn diese Zeit frequenzmäßig schon sehr lichtvoll ist und das kosmische Licht immer mehr an die Oberfläche wie auch ins Innere dieses Planeten gelangt, wirken hier von Zeit zu Zeit noch dunkle Energien, die versuchen, den Menschen zu überfallen oder ihn von dem Weg abzubringen, den er sich für diese Inkarnation vorgenommen hat.

Obwohl die dunklen Entitäten nicht mehr eine solche Kraft besitzen wie früher, ist es gut, in seiner physischen und psychischen Kondition zu bleiben, indem sich der Mensch hin und wieder lichtvoll reinigt und vor fremden, niedrigschwingenden Energien schützt.

Wir haben euch für euren energetischen Schutz im Laufe der Zeit schon mehrere Möglichkeiten mitgeteilt, etwa den Schutz durch die dreifache Lichtschicht im Plejadenbuch 2 und die Übung zum Schutz der Aura und eures Systems durch die Kraft eurer Worte in Buch 8. In letzterem Buch haben wir euch auch die Übung »Lichtfontäne« zur Reinigung aller Systeme des Menschen erstmals vorgestellt.*

Natürlich ist eure Entscheidung, negative Energien in euren Systemen nicht zuzulassen, für euren Schutz immer am wichtigsten. Was aber tun, wenn sich euch trotz eurer Entscheidung fremde, niedrigschwingende Energien nähern und das Leben schwer machen?

Vielleicht habt ihr diesbezüglich schon Schritte getan. Vielleicht habt ihr bereits häufig energetische Maßnahmen getroffen, und doch gelingt es euch nicht, eure persönliche Energie anzuheben, wodurch euer Leben nicht die Richtung einschlägt, die ihr euch wünscht.

Dafür könnte es einen bestimmten Grund geben.

Vielleicht befinden sich in eurem System energetische Programme, die sich in dem Augenblick aktivieren, wenn bestimmte Menschen, Wesen oder Energien in eurer Nähe sind. Vielleicht werden euch durch diese Menschen, Wesen oder Energien Belastungen aus vergangenen Zeiten in Erinnerung gerufen. Vielleicht werden durch sie die energetischen Programme alter »Verträge« in euch aktiviert.

Immer wieder haben Menschen Schritte zum Licht und zu ihrer Heilung unternommen. Sie haben alles Mögliche versucht, nur um festzustellen, dass es ihnen beim Kontakt mit Lichtenergie oder den reinsten kosmischen Energien schlecht geht und alles Lichtvolle in ihnen zusammenbricht, obwohl sie sich den Kontakt mit der Lichtenergie so sehr wünschen.

Vielleicht gehört auch ihr zu diesen Menschen, und vielleicht hat dies den Grund, dass ihr euch einmal in einer Situation befunden habt, in der ihr niemals sein wolltet.

---

* Eine geführte Version dieser Übung, von Pavlina selbst eingesprochen, findet ihr im Heilungs-Set *Neuanbindung der Seele und Rückholung verlorener Anteile*, das überall als Download oder Doppel-CD erhältlich ist.

Vielleicht hattet ihr in vergangenen Leben – oder in diesem – das Gefühl, dass euch jemand in eine Situation hineinmanipuliert oder in eine Energie gebracht hat, die ihr nicht ertragen konntet. Vielleicht habt ihr euch damals zu Sichtweisen oder Handlungen überreden lassen und in etwas eingewilligt, das ihr unter normalen Umständen niemals getan hättet. Vielleicht gibt es dadurch in euch jetzt Programme von Verträgen aus vergangenen Zeiten, die euren Geist zu Handlungen oder einem Verhalten zwingen, ohne dass ihr dies als Zwang wahrnehmt, sondern als ganz vernünftiges Denken und Tun betrachtet.

Dunkle Wesen und Mächte bedienen sich sehr häufig dieser »Technik«, nicht erst in eurer aktuellen Zeit, sondern seit Anbeginn an. Sie haben solche Programme schon früher in den Systemen der Menschen gesät. Solche Programme können leicht aktiviert werden, damit die Menschen in ihren aktuellen Inkarnationen nicht aus der Abhängigkeit entkommen.

Gerade zu Beginn des Jahres 2020 ist dies wieder geschehen.

Zu Beginn jenes Jahres haben sich energetische Programme und Verträge aus vergangenen Zeiten geöffnet und aktiviert, wodurch unzählige Millionen von Menschen in ihrem Denken und Verhalten manipuliert wurden, ohne dies zu bemerken.

Ihre Lichtwesen haben sie an das Licht ihres Weges und an das Licht ihrer Seele erinnert, doch nicht alle diese Menschen blieben sich ihrer göttlichen Essenz bewusst und haben ihren ursprünglichen Pfad weiter verfolgen oder wieder aufnehmen können.

Nicht allen Menschen war dies vergönnt.

Nicht alle Menschen konnten in hinreichendem Maße an ihr lichtes Wesen erinnert werden. Viele benötigen nach wie vor Hilfe und Beistand, damit sie allmählich begreifen, warum es zu dieser massenhaften Manipulation und den unzähligen negativen Situationen gekommen ist.

Denkt immer daran: Viele von euch wissen bereits, dass es der Verhinderung eurer einzigartigen Bestimmung diente, denn Menschen, die in ihrer Seele lichtvoll sind, kommen mit einer lichtvollen Aufgabe auf diesen Planeten. Ihre Aufgabe ist das Erwachen in die Freiheit. Die dunklen Wesen wissen um diese Aufgabe. Deshalb haben sie die lichtvollen Menschen großteils schon vor ihrer aktuellen Inkarnation genötigt, Verträge zu unterschreiben oder auszusprechen, die sie bis heute in Gefangenschaft halten.

Die negativen Mächte verwehren es den Menschen, ihre Freiheit zu erlangen. Sie wollen die Menschen vergessen lassen, dass Freiheit ihr größter Lebenswunsch ist.

Falls ihr zu den Menschen gehört, die das Gefühl haben, Verträge in sich auflösen zu müssen, trefft JETZT diese Entscheidung. Eure Entscheidung hilft euch dabei, euch aus der Gefangenschaft der Verträge zu befreien, egal welcher Art diese Verträge sind.

Wenn ihr solche Verträge auflösen möchtet, ist es notwendig, sich bewusst zu machen, dass es sich um niedrigschwingende Programme handelt, die sich beim Kontakt mit niedrigschwingenden Energien aktivieren. Aber auch beim Kontakt mit lichtvoller Energie fangen diese Programme an, niedrigschwingend gegen den betreffenden Menschen zu wirken.

Der Mensch verliert dann immer mehr Kraft und sein Gesamtzustand wird zunehmend geschwächt.

Diese Programme tragen eine eigene Intelligenz in sich, die an die Intelligenz der niedrigschwingenden Wesen und Mächte angebunden ist. Diese Intelligenz »schläft« und ruht im Menschen, solange sie sich nicht vom Licht und seiner Schwingung bedroht fühlt. Ist das jedoch irgendwann der Fall, beeinflusst die Energie dieser Programme eure Systeme.

Nicht immer, aber doch in vielen Fällen sind diese Vertragsprogramme in unterschiedlichste Räume, Dimensionen und Zeiten einkodiert worden, damit sich der Mensch nicht zu leicht von ihnen befreien kann. Werden diese Verträge dann aktiviert, aktivieren sich damit auch die Duplikate oder Kopien der Verträge auf diesen Ebenen.

Solche Verträge können sich auch in den Seelenanteilen eines Menschen aktivieren, die in diesem Raum und in dieser Zeit nicht zu ihm gehören. Jede menschliche Seele ist multidimensional und befindet sich zu Teilen bei anderen Menschen auf diesem Planeten, auf anderen Planeten, im menschlichen Himmel oder in verschiedenen Parallelwelten. Alle Seelenanteile, die zu einer Seelenfamilie gehören, können dadurch beeinflusst werden.

Macht euch jedoch bewusst, dass ihr das ändern könnt!

Im Hier und Jetzt ist es euch möglich, euch mit all euren Seelenanteilen und gleichzeitig mit allen Räumen, Dimensionen, Zeiten und Parallelwelten zu verbinden, in denen sich eure Seelenanteile befinden und auf ihre Befreiung warten.

Im Hier und Jetzt seid ihr zur absoluten Anbindung an alle Bestandteile eures Ichs, der Anbindung an euer Höheres Ich, in der Lage – dank eures Höheren Bewusstseins und dank aller Elemente der göttlichen Lichtwelt und ihrer Wesen.

Das Hier und Jetzt kann euch ganzheitliche Heilung bringen. Es kann euch die Befreiung und die vollkommene Freiheit bringen. Der gegenwärtige Augenblick und die Verbindung mit eurem Herzen sind der Schlüssel zur Heilung eures Systems.

Und ihr könnt euch im Hier und Jetzt nicht nur von Vertragsprogrammen befreien. Ihr könnt eure menschliche Seele auch ihrer höchsten Evolution entgegenführen, der absoluten seelischen Freiheit. Diese Gesamtbefreiung – dieser Weg zur absoluten Freiheit – bringt euch die Verbindung mit den Räumen der kosmischen Freiheit und Unendlichkeit.

Euer Weg zur absoluten Freiheit, in die Gesamtbefreiung, lässt euch in das System von Wesen einsteigen, die ihre persönliche Freiheit und ihre ganzheitliche Anbindung an die reinsten kosmischen Räume schon erlangt haben. Alle befreiten und freien Wesen befinden sich im System der reinsten kosmischen Stufe und gehören zum System der 21. kosmischen Frequenz, welche Wesen hilft, die sich auf dem Weg der Befreiung befinden.

*Ihr kennt diese Frequenz bereits als 21. Schlüssel für den Übergang ins Goldene Zeitalter.**

Lichtwesen, die mit dieser Frequenz verbunden sind, arbeiten mit der 21. kosmischen Frequenz zusammen. Aufgestiegene Meister arbeiten mit ihr zusammen, die ihre persönliche Freiheit während ihrer Inkarnation auf dem Planeten Erde erlangt haben und deshalb ins System der 21. Frequenz der kosmischen Freiheit aufgenommen wurden.

∞

Wir möchten euch nun helfen, die energetischen Programme von Verträgen, die euch an eurer persönlichen Gesamtbefreiung hindern, aus euren Systemen zu entfernen.

Dazu bieten wir euch eine Übung an, die eine Affirmation enthält. Jedes Wort dieser Affirmation ist von uns positiv energetisch aufgeladen, und wenn ihr diese Affirmation sprecht, kann euch das helfen, die belastenden Vertragsprogrammierungen in eurem Gesamtsystem aufzulösen und sie im göttlichen Licht der Freiheit zu neutralisieren.

Bei dieser Übung arbeitet ihr mit der Zahlenreihe **3717**, die wir die »Zahlenreihe des Vertrauens« nennen.

Sie ermöglicht euch den energetischen Einstieg in unser Plejadengestirn und verbindet euch mit der Bewusstseinsebene von uns Plejadern. Sie ist mit unserem persönlichen Schutz aufgeladen und lässt euch spirituell wachsen.

---

* Näheres zu den 21 Kosmischen Schlüsseln oder Frequenzen findet ihr in Band 5 der *Lichtbotschaften von den Plejaden* sowie im Begleitbuch des 1. Kartensets *Heilsymbole & Zahlenreihen*. Das Plejadenbuch 7 und das Kartenset enthalten außerdem eine »Affirmation zur Wiedererlangung der Kosmischen Freiheit«, die auf der Übungs-CD 8 auch eingesprochen vorliegt.

ÜBUNG ZUR BEFREIUNG VON BELASTENDEN ENERGETISCHEN VERTRÄGEN

Atme mehrmals tief und sprich: »**3717. 3717. 3717.**« Rufe dann alle deine Lichtwesen zu dir und teile ihnen deine Absicht mit, dich von allen belastenden energetischen Verträgen multidimensional zu befreien. Richte deine Aufmerksamkeit auf dein Herz und lass es hell erstrahlen. Aktiviere nun in deinem Herzen die Frequenz der Dankbarkeit.

Stelle dir dazu vor, dass das Wort »Dankbarkeit« vor deinem Herzen schwebst. Du siehst, wie jeder Buchstabe lichtvoll vibriert. Nun siehst du zu, wie die einzelnen Buchstaben sich in lichtvolle, strahlende Energie auflösen und eine Lichtwolke vor deinem Herzen bilden. Dann fließt diese Lichtenergie in den Heiligen Raum deines Herzens.

Sobald die Lichtenergie in den Heiligen Herzensraum fließt, verbindest du dich mit den Lichtwesen der kosmischen Freiheit. Deine Absicht ist ausreichend.

Bitte sie um Unterstützung bei diesem energetischen Prozess. Bitte sie um Anbindung deines Systems an den 21. Kosmischen Schlüssel für den Übergang in die kosmische Freiheit. Er ermöglicht dir die Verschmelzung mit der göttlichen Energie, Ganzheit und Freiheit.

Durch diese Frequenz kannst du nach vorne gehen, um die energetischen Programme von belastenden Verträgen zu neutralisieren. Die Lichtwesen helfen dir dabei.

Nun atme noch einmal tief und sprich …

»Hier und Jetzt. Ich entscheide mich jetzt und in diesem Raum für die Auflösung und Neutralisierung aller negativen Programme von schriftlichen und mündlichen Verträgen, in allen Räumen, Zeiten, Dimensionen, Zwischendimensionen und Parallelwelten meiner Gesamtexistenz.

Ich entscheide mich jetzt und in diesem Raum für die Auflösung und Neutralisation aller negativen Programme von schriftlichen und gesprochenen Verträgen in allen Seelenanteilen, die zu mir gehören.

In allen Räumen, Zeiten, Dimensionen, Zwischendimensionen und Parallelwelten meiner Gesamtexistenz.

Die 21. Frequenz der kosmischen Freiheit löst und neutralisiert im Hier und Jetzt absolut alle negativen Programme aller schriftlichen und mündlichen Verträge in allen Zeiten, Räumen, Dimensionen, Zwischendimensionen und Parallelwelten meiner Gesamtexistenz und in allen Seelenanteilen, die zu mir gehören.

Die Lichtwesen der kosmischen Freiheit bringen absolute Freiheit in das System meiner Seele, meines Geistes, meines Körpers und in alle Systeme sämtlicher Seelenanteile, die zu mir gehören.

Alle belastenden Programme von schriftlichen und mündlichen Verträgen sind aufgehoben, neutralisiert und in das Licht der kosmischen Freiheit umgewandelt.

Ich vergebe allen Menschen und Wesen, die mich durch die Programme von schriftlichen und mündlichen Verträgen gebunden haben.

Meine Vergebung ist absolut.

Meine Vergebung befreit uns alle.

Ich bestätige jetzt und in diesem Raum die Befreiung aller Systeme meiner Seele, aller Systeme meines Geistes und aller Systeme meines Körpers.

Danke, danke, danke.«

Wiederhole diese Affirmation noch zwei Mal, dann bedanke dich bewusst bei allen Lichtwesen, die mit dir gearbeitet haben. Anschließend sorgst du für den Schutz der neuen energetischen Verhältnisse. Dazu durchleuchtest du deinen Körper mit Hilfe der Lichtfontäne.

Diese Übung geht folgendermaßen …

Fixierung des neuen Energiezustands durch die »Lichtfontäne«

Stelle dir vor, dass aus dem Kosmos goldenes Licht zu deinem Kronenchakra gelangt.

Dieses goldene Licht tritt in dein Kronenchakra ein und fließt hinunter in dein Herz.

Stelle dir jetzt vor, dass durch deine Fußhlen das reinste Licht und die Energie der Erde dringt und ebenfalls zu deinem Herzen fließt. Stelle dir auch diese Energie in goldener Farbe vor.

Die Lichtenergie des Kosmos und der Erde treffen sich in deinem Herzen. Ihre Strömung ist so stark, dass du beobachten kannst, wie aus deinem Herzen eine Lichtfontäne hervorkommt. Die Strahlen dieses Lichts strömen in alle Richtungen und Räume deines Körpers und deiner Aura. Sie strömen in alle Räume deiner Existenz.

Du kannst das Licht dieser Strahlen sich beliebig weit ausdehnen lassen.

Visualisiere dieses Licht so lange, wie es dir deine Intuition rät.

Bitte nun die Wesen der kosmischen Freiheit um Integration und Aktivierung der 21. Frequenz der kosmischen Freiheit in den Systemen deiner Seele, deines Geistes und deines Körpers.

Diese Übung solltest du wenigstens drei Mal in Zeitabständen machen, die dir passend erscheinen. Falls erforderlich, führe sie so oft durch, bis du eine Verbesserung verspürst und du deine Energie bei deiner lichtvollen Arbeit mühelos anheben kannst.

Ich wünsche dir unendliche Freiheit
für dein Leben und dein Sein!

Ramuel

18

Euer Vorname bringt euch Lebenskraft und kosmische Energie

In dieser bedeutenden Zeit kehrt das menschliche Wesen immer mehr zu seiner Essenz und zu seinem Ursprung zurück. Dabei verläuft die Entwicklung der Menschheit in einer Spiralform. Die Spiralform verbindet die menschliche Gemeinschaft mit der Heiligen Geometrie des Universums, mit allen Kreisformen, die das Universum in der Datenbank seines Bewusstseins enthält, programmiert von der göttlichen Intelligenz.

Jedes Molekül, jedes Atom, jedes Neutron, jedes Proton und alle anderen kleinsten Teilchen des Universums sind mit der göttlichen Intelligenz verbunden. Die göttliche Intelligenz befindet sich in absolut allem. Auch in jedem Menschen befindet sich ein Teil der göttlichen Intelligenz und ihrer Energie.

Jeder von euch ist mit dieser unendlichen Größe verbunden.

Jeder von euch trägt eine enorme Menge an Elementen der göttlichen Intelligenz in sich, die euch durch diese Inkarnation führt.

Ein besonderes göttliches Element, das ihr tragt, ist euer Vorname. Euren Vornamen habt ihr für die gesamte jetzige Inkarnation ausgewählt, und die göttliche Intelligenz hat euren Vornamen mit ihrer göttlichen, tragenden Kraft programmiert.

Selbst wenn euch euer Name als Kind vielleicht nicht gefallen hat oder ihr euch nicht damit identifizieren konntet, glaubt daran, dass ihr euch euren Vornamen selbst ausgesucht habt. Ihr habt ihn euren Eltern in ihre Gedanken eingeflüstert, bevor ihr physisch in diese Welt eingetreten seid.

Mit größter Wahrscheinlichkeit habt ihr euch nach einer Beratung mit euren Eltern oder mit euren Familienmitgliedern für diesen Namen entschieden, als ihr euch noch in den Dimensionen des menschlichen Himmels befandet.

Alles hat seine Bedeutung. Jedes Wort hat seine Bedeutung. Und auch die Schwingung jedes Wortes hat ihre Bedeutung. Euer Vorname wurde für eure Lebensenergie, Kraft und für euren Schutz durch die göttliche Intelligenz programmiert.

Vielleicht habt ihr in eurer letzten Inkarnation einen anderen Namen getragen, vielleicht habt ihr diesen Namen auch schon viele Inkarnationen lang. Vielleicht entscheidet ihr euch in der nächsten Inkarnation für einen anderen Namen, vielleicht behaltet ihr ihn auch bei …

Das hängt von euch und euren Absichten für die nächste Inkarnation ab.

Alles hat seinen Sinn und nichts geschieht zufällig. Auch nicht, dass ihr gerade jetzt von dem erfahrt, was wir euch gleich mitteilen werden. Es hängt mit der Absicht zusammen, die ihr vor der Ankunft auf dieser Erde hattet, als ihr euren Vornamen wähltet.

Möglicherweise habt ihr vergessen, welch große Bedeutung euer Vorname für euch hat, welch große Kraft und Energie er in sich trägt. Die göttliche Kraft und Energie eures Vornamens begleitet euch schon euer ganzes Leben lang. Jetzt wird sie euch noch stärker und gezielter begleiten, wenn ihr euch an diese Tatsache erinnert, sie euch bewusst macht und fortan die vielen positiven Eigenschaften eures Namens nutzt.

In den Räumen der göttlichen Quelle gibt es einen Abdruck der Energie eures Vornamens, damit ihr euch an die Energie dieses Abdrucks jederzeit anbinden könnt.

Euer Vorname trägt einen Ton, eine Schwingung, eine Farbe und eine bestimmte geometrische Form, die euch mit der Heiligen Geometrie des Universums verbindet.

Euer Name kann euch folglich auch einen Teil eurer Heilung und die Anbindung an eure ursprüngliche Körperenergie bringen.

In dieser Inkarnation ist euer Vorname für euch zuständig und bringt euch die begleitende Kraft der göttlichen Quelle. Singt deshalb euren Vornamen. Sprecht ihn laut aus. Malt ihn auf und schmückt ihn in den schönsten Farben, die euch intuitiv in den Sinn kommen. Visualisiert euren Namen. Segnet euren Namen. Programmiert euren Vornamen auf köstliches Wasser und schickt ihm die Dankbarkeit eures Herzens.

Handelt intuitiv. Ihr werdet spüren, welch große Kraft euer Name für euch entfaltet. Er wird euch die Energie zuführen, die ihr euch ausgesucht habt und die durch Unachtsamkeit und Unbewusstheit irgendwie irgendwann einmal in die Ecke geschoben und vergessen wurde. Er holt sie wieder hervor.

EINE NÜTZLICHE ÜBUNG FÜR DEINEN VORNAMEN

Solltest du mehrere Vornamen haben, handle bitte nach eigenem Ermessen und wähle intuitiv den oder die Namen aus, bei denen du spürst, dass sie positiv mit dir verbunden sind. Früher wurden den Kindern oft auch wegen der Familientradition zusätzliche Vornamen gegeben.

Handle und entscheide aus der Kraft deines Herzens.

Und wenn du magst, schreibe deinen Vornamen dann auf ein Blatt Papier. Du kannst Farben verwenden, die dir gefallen. Wähle auch sie intuitiv.

Segne jeden Buchstaben deines Namens.

Segne deinen ganzen Namen.

Schau deinen gesegneten Namen nun für eine gewisse Zeit an, die dir passend erscheint.

Schicke deinem Namen die Dankbarkeit deines Herzens.

Und nun sprichst du …

»Im Hier und Jetzt binde ich mich an die Energie, Kraft und Intelligenz meines Vornamens an.

Mein Vorname gibt mir unendlich viel Lebenskraft, göttliche Energie und Schutz.

Mein Vorname verbindet mich absolut und umfassend mit der göttlichen Quelle.

Mein Vorname ist [sprich ihn drei Mal hintereinander aus].«

Jetzt schaust du dir deinen Vornamen an, den du auf das Blatt Papier geschrieben hast. Die Farben, die du intuitiv gewählt hast, sind mit größter Wahrscheinlichkeit die Farben des energetischen Abdrucks in der göttlichen Quelle. Diese Farben stärken dich und bringen dir Lebensenergie für dein System und für den Weg durch deine irdische Inkarnation.

Ramuel und seine plejadischen Begleiter
Frieden mit euch, Frieden mit uns!

19

Die Atlanter und Zivilisationen im Erdinneren bereiten sich auf den Kontakt und auf die Übergabe von Technologien vor

Vertraut auf diese Zeit. Vertraut darauf, dass ihr auf dem richtigen Weg seid. Ihr seid nicht allein auf diesem Weg. Eine große Anzahl menschlicher Seelen ist auf diesen Planeten herabgestiegen, um beim Gesamtaufstieg zu helfen. Und nicht nur menschliche Seelen, sondern auch die Seelen kosmischer Völker.

Es ist ergreifend zu beobachten, wie viele außerirdische, friedliebende Zivilisationen sich an diesem kolossalen Aufstieg beteiligen.

Es ist ergreifend zu beobachten, wie viele auf diesen Planeten gesandte Seelen der menschlichen Gemeinschaft Beistand leisten.

Es ist ergreifend zu beobachten, wie viele gesandte Seelen sich lichtvoll und liebevoll verbinden, um den Menschen und dem Planeten Erde dabei zu helfen, wieder in ihrer vollen und ursprünglichen Schönheit zu erstrahlen.

Auch friedliebende Zivilisationen, die sich in ihrer physischen Form innerhalb des Planeten Erde befinden, beginnen sich mit der überirdischen menschlichen Zivilisation zu verbinden. Auch Zivilisationen, die sich nach der Zerstörung von Atlantis für ein Leben in der Erde entschieden haben, melden sich jetzt vermehrt – noch immer vorwiegend feinstofflich – zu Wort und übergeben Informationen über ihre Existenz.

Die physischen Zivilisationen, die sich in längst vergangenen Zeiten auf diesem Planeten befanden, sind nie ganz untergegangen. Viele haben sich bei der Zerstörung von Atlantis ins Erdinnere zurückgezogen und dort eine neue Form des Lebens aufgebaut. Viele besuchen seitdem – nicht nur in feinstofflicher Form – immer wieder einmal die Erdoberfläche und erscheinen von Zeit zu Zeit in Raumdimensionen, in denen sich die Menschheit gerade befindet. Aber schon bald wird eine bewusstseinsmäßige Verbindung mit der menschlichen Gemeinschaft und ein regelmäßiger Besuch auf der Erdoberfläche möglich sein.

Viele menschliche Wesen, deren Bewusstsein weit entwickelt ist, wissen von der Existenz dieser uralten Zivilisationen. Sie ahnen, dass der menschlichen Gemeinschaft auf diesem Planeten eine große Überraschung bevorsteht – und sie freuen sich darauf!

Die Erde begann sich sehr schnell zu regenerieren, als die bösartigen außerirdischen Zivilisationen und Wesen das Erdinnere verlassen hatten. Die kosmischen Bedingungen und der verstärkte Zustrom kosmischen Lichts begünstigen diesen Vorgang. Auch die Lichtwesen und Engel in den Räumen und Dimensionen des Erdinneren erhöhen seitdem ständig ihr Licht und ihre Lichtschwingung und senden der menschlichen Gemeinschaft heilsame Frequenzen. Sie verbinden sich mit den Lichtwesen und Engeln der Menschen und helfen ihnen auf diese Weise, ihre natürliche, ursprüngliche Energie wiederzufinden.

Nun freuen sich auch die physischen und feinstofflichen Zivilisationen des Erdinneren, ihre Energie und ihre Informationen endlich offiziell an die Oberfläche des Planeten Erde bringen und sie seinen menschlichen Bewohnern übergeben zu können.

Sehr lange wurde die Existenz der Unterirdischen geheim gehalten, denn die menschliche Gemeinschaft war nicht in der Lage, das Vorhandensein solcher Zivilisationen zu akzeptieren. Und ein weiterer Grund, warum die Begegnung mit den Menschen bisher nur selten erfolgte, ist ihre lichtvolle körperliche Schwingung. Diese Schwingung ist so hoch, dass die niedriger schwingende Materie der heutigen Menschen den Kontakt nicht ausgehalten hätte. Auch deshalb war eine Begegnung bisher praktisch nicht möglich.

Die Angehörigen der Zivilisationen, die nach dem Untergang ihres Landes beschlossen, im Inneren der Erde zu leben, sind sehr hoch entwickelte Wesen, deren Bewusstsein jegliche Kapazität des Bewusstseins der menschlichen Wesen übersteigt. Ihr Bewusstsein ist nach wie vor mit dem kollektiven Bewusstsein ihrer Gesamtexistenz verbunden. Sie stehen in ständigem Kontakt mit Bereichen ihrer Zivilisation, die sich in anderen Dimensionen, Räumen oder auf anderen Planeten befinden. Ihre Kenntnisse technischer Art sind so hoch, dass die menschliche Zivilisation bei einer natürlichen Entwicklung ein entsprechendes Stadium erst in mehreren hunderttausend Jahren erreichen würde.

Der hohe Stand ihrer Technologie ist mit den reinsten Gesetzen der göttlichen Ordnung und der göttlichen Intelligenz verbunden. Ihr Lebensstil ist derart, dass sie die energetischen und materiellen Ressourcen des Planeten Erde nicht missbrauchen.

Stattdessen nutzen sie die göttliche freie Energie, die praktisch überall vorhanden ist.

Während unterirdische Zivilisationen den Kontakt mit den Menschen an der Oberfläche nur selten suchten, unterstützen friedliebende außerirdische Zivilisationen die Menschen schon seit langem. Sie haben unterschiedlichste Technologien entwickelt, um dem menschlichen Organismus zu helfen, und dabei auf die richtige Zeit gewartet, in der sie ihr Wissen der menschlichen Gemeinschaft offiziell übergeben können.

Auch viele ihrer Technologien, die an die Menschheit weitergegeben werden sollen, funktionieren auf der Grundlage freier Energie und nutzen das kosmische göttliche Licht und seine Intelligenz als Energiequelle. Es sind lichtvolle, hochschwingende Technologien, die den menschlichen Organismus und verschiedenste Systeme der menschlichen Gemeinschaft in ihre ursprüngliche Ordnung zurückbringen können.

Ihr Menschen dürft euch wirklich sehr freuen. Mit Hilfe dieser Technologien wird es denjenigen unter euch, die bewusstseinsmäßig auf ihre Heilung und Regeneration vorbereitet sind, gelingen, in sehr kurzer Zeit ihren Körper, ihr Heim und verschiedenste Bereiche ihres Lebens auf natürliche Weise zu harmonisieren. Die Technologien auf Basis der freien Energie werden die Energiequellen, die die Menschheit bisher nutzt und immer noch für unersetzlich hält, wie Strom, Öl, Gas und Kohle, substituieren. Für die menschliche Gemeinschaft steht bereits eine ganze Palette von Technologien bereit, die ihr helfen wird, in ihren ursprünglichen, natürlichen und göttlichen Zustand zurückzukehren. Es wird noch auf einen gewissen Austausch auf politischer und wirtschaftlicher Seite gewartet, der bisher den reinen Empfang und die reine Nutzung dieser Technologien verhindert. Es wird noch auf die Erweiterung des Bewusstseins der menschlichen Wesen gewartet, damit sie die Technologien in reinster Absicht annehmen können.

Technologien für die Regeneration und den Aufbau des menschlichen Körpers wurden vorbereitet, welche die reinste kosmische Energie des Kosmos nutzen, Technologien, die sich der umgebenden Planeten bedienen, an die der Mensch energetisch andockt. Der Mensch wird sich mit der Energie, Schwingung und weiteren Elementen der umgebenden Planeten dieses Sonnensystems seiner natürlichen Ordnung gemäß verbinden.

Die Technologien, die Körper, Geist und Seele des Menschen bei der Heilung, Regeneration und Bewusstseinsentwicklung helfen werden, nutzen die Frequenzen und Lichtinformationen der Sonne.

So werden Kapseln zur innerlichen Einnahme vorbereitet, welche die lichtvolle, lebendige Energie der Sonne in sich tragen. Sie durchleuchten den Menschen von innen, bringen Sonnenenergie in sein System und dienen der Erhöhung der DNA-Funktion, alles dank ihrer Lichtinformationen. Diese Kapseln haben ein eigenes Bewusstsein und ihre Intelligenz ist direkt und ohne räumliche oder zeitliche Trennung mit der Sonne, ihrer Seele Ra und mit allen Informationen, die die Sonne in sich trägt, verbunden. Solche natürlichen Technologien werden die Menschen heilen. Auch die Frequenzen und Eigenschaften von Farben werden genutzt werden, denn jede Farbe trägt kosmische Elemente, Schwingungen, Licht und geometrische Formen in sich, welche die Essenz eines jeden Wesens bilden, das in der göttlichen Quelle geboren wurde. Ausnahmslos jedes Element, das der Heilung und Regeneration des Menschen dient, ist an die Systeme des göttlichen Bewusstseins, seine Intelligenz und Ordnung angebunden. All diese Technologien wurden eigens entwickelt, um den Menschen zu helfen.

Die außerirdischen Zivilisationen, die schon lange an der Menschheitshilfe arbeiten und solche Technologien vorbereiten, arbeiten mit vielen weiteren friedliebenden Zivilisationen zusammen. Die Zusammenarbeit zwischen ihnen verläuft in reinster Liebe, reinstem Bewusstsein und reinster Absicht. Oft verbinden auch wir uns mit ihnen und freuen uns gemeinsam auf die Zeit, in der der Menschheit diese lang vorbereiteten Technologien übergeben werden. Sie funktionieren im Grunde alle recht einfach und bringen das menschliche Wesen und seine Struktur in die ursprüngliche Ordnung zurück.

Die Kommunikation zwischen den friedliebenden kosmischen Menschheitszivilisationen, den Zivilisationen unter der Erde und uns erfolgt in den meisten Fällen über Lichtportale im Inneren der Erde. Durch diese Portale haben wir die Möglichkeit, einander zu besuchen und zu kommunizieren.

Physisch und in lichtvoller, feinstofflicher Form.

Es ist uns möglich, über diese Portale auch unsere Technologien auf die Erde zu bringen, die ebenfalls ihre eigene Intelligenz und ihr eigenes Bewusstsein haben, so dass sie nur dort genutzt werden können, wo diese Technologien es sich selbst wünschen und wo geeignete Voraussetzungen für ihre erfolgreiche Nutzung in reinster Absicht gegeben sind. Alle Technologien haben ihre eigene Intelligenz und ihren eigenen Geist, egal ob sie von den Zivilisationen unter der Erde oder von außerirdischen friedliebenden Zivilisationen entwickelt wurden. Man könnte sagen, dass sie hoch entwickelte, lichtvoll schwingende Wesen sind, mit dem göttlichen Bewusstsein verbunden, die in reinster Liebe dienen. Sie sind nicht dazu bestimmt, Menschen oder Wesen zu dienen, die keine reine Absicht oder kein reines Bewusstsein haben und die göttlichen Gesetze nicht respektieren.

Die menschliche Gemeinschaft bereitet sich auf die Verbindung mit dem reinsten Bewusstsein der Technologien vor. Jeder Mensch, der sich körperlich, seelisch und geistig in höheren Schwingungsebenen befindet, weiß, wovon wir sprechen.

Ihr bereitet euch auf die Verbindung mit ihren reinsten, höchsten Bewusstseinsfeldern vor. Die Zeit, in der ihr euch befindet, wird diese Verbindung mit sich bringen. Sie wird die Verbindung mit den reinsten göttlichen Gesetzen und Technologien mit sich bringen, die auf der Grundlage des reinsten Bewusstseins und in reiner Liebe ihre Aufgabe erfüllen.

Wir überbringen euch mit diesen Worten die Energie der reinsten kosmischen Energien und kosmischen Gesetze und freuen uns gemeinsam auf eure lichtvolle Zukunft voll des reinen, göttlichen Lichts und der reinen, göttlichen Informationen.

Vertraut auf diese Zeit. Vertraut darauf, dass ihr euch auf dem richtigen Weg befindet.

Milin, Rahul und ihre plejadischen Gefährten
Frieden mit euch, Frieden mit uns!

20

Channeling der Lichtwesen aus dem Erdinneren

Als ich gerade über die inneren Welten von Mutter Erde schrieb, fühlte ich beständig, dass die Lichtwesen, die sich dort aufhalten, uns erstmals ihre Worte übergeben möchten. Ihre Energie fühlt sich für mich etwas anders an als die Energie der Lichtwesen der kosmischen Welt. Ihre Lichtenergie enthält auch die Kraft der Erde, die uns begleitet und Beistand leistet und die uns immer wieder aufrichtet, wenn unsere Energien nachlassen.

Ich denke, dass wir in Zukunft noch viel mehr über diese edlen Wesen und ihre Lebenssituation erfahren werden. Ich denke, dass ihre Anwesenheit und die Energiearbeit, die sie für uns leisten, helfen werden, uns in die ursprüngliche göttliche Ordnung einzufügen. Wir werden ihre Energie genauso empfangen, wie wir die Energie aus dem Kosmos empfangen. Alles wird wieder mehr der natürlichen Ordnung entsprechen. Ich denke, dass uns bisher ein beträchtlicher Teil unseres Ichs gefehlt hat, das in Zusammenhang mit diesem Wesen steht. Wir gehören zueinander. Wir wurden voneinander getrennt. Jetzt können unsere menschlichen Systeme anfangen, sich an die ursprüngliche Energie anzubinden und auch die Kraft dieser Wesen in vollem Ausmaß zu erleben.

Seit einiger Zeit habe ich schon mit ihnen kommuniziert. Voller Freude und Dankbarkeit übermittle ich euch hiermit die erste Botschaft der feinstofflichen Lichtwesen, die sich in den lichtvollen Dimensionen unter der Oberfläche unserer Erde befinden. Es wird Zeit, dass wir zueinander finden ...

Heilende Durchsage zur Portalöffnung

»Wir grüßen euch, ihr Lieben, und überbringen euch Informationen aus unseren Räumen und Dimensionen des Lichts!

Licht, wie wundervoll das klingt. Das Licht in unseren Dimensionen ähnelt dem Licht der kosmischen Welt. Das Licht aus beiden Welten vermischt sich miteinander. Die Grenzen und Barrieren fallen. Die Tore zur Welt des Kosmos, zur Welt der kosmischen Wesen und zu euch Menschen haben sich geöffnet.

Auch wenn für uns die menschliche Zeitmessung keine Rolle spielt, sind wir doch überglücklich, dass das Innere der Erde sich nun mit der äußeren Welt der Erde verbindet. Wir sind überglücklich, euch Frequenzen der Freude und des heiteren Vergnügtseins über die neue gemeinsame Zukunft bringen zu dürfen.

Wir spüren in uns die Kraft und haben jetzt auch die Möglichkeit, der menschlichen Gemeinschaft unsere Informationen und Frequenzen mitzugeben. Diese Informationen und Frequenzen werden die menschliche Gemeinschaft stärken und euch beim Heilungsprozess helfen. Die ganze Schöpfung an der Oberfläche, die Tiere, Pflanzen und alle Naturwesen, werden durch diese Informationen unterstützt.

Wir überbringen euch lichtvolle Frequenzen der Liebe.

Alles wird wieder heil, alles wird komplett. Alles verbindet sich und wird zu dem Ganzen, aus dem früher alles bestand. Es formt sich zurück zu seiner ursprünglichen Gestalt. Die Dimensionen und Räume verbinden sich und fangen an Welten zu erschaffen, die sich innerhalb und außerhalb eures Jeiligen Herzensraums befinden.

Im Zustand der göttlichen Ordnung ist alles verbunden, alles ist eins.

Unsere Existenz bringt euch Wellen und Codes der Liebe und des Lichts.

Unsere Existenz verbindet euch mit den Informationen der menschlichen Chronik, die ihr immer noch im Außen sucht, obwohl ihr sie in euren Herzensräumen tragt.

Unsere Existenz aktiviert den Zugang zu diesen Chroniken, damit ihr sie überall findet. Wie oben, so unten. Wie innen, so außen.

Unsere Existenz hilft euch, euch erfolgreich ans Ziel eurer ersehnten Zukunft zu bringen.

Wir verbinden euch mit den Kristallen und ihren Systemen.

Wir verbinden euch mit den Heiligen Orten dieses Planeten. Dadurch wird euer Bewusstsein erhöht.

Wir aktivieren die Chakren des unteren Teils eures Körpers, die euch mit der Erde verbinden.

Wir aktivieren die Lichtchakren, die sich unter eurem physischen Körper befinden.

Wir überbringen euch die Weisheit und Kraft der Erde.

Wir bringen euch Informationen, die eurer Seele helfen, sich an ihre Essenz und an ihre vergangenen Leben zu erinnern, in denen ihr in Einklang mit diesem Planeten und in Einklang mit den kosmischen Gesetzen gelebt habt.

Wir helfen euch, euch von der Illusion eurer Wahrnehmung zu befreien.

Wir helfen euch, euch von der Illusion eurer Zeit zu befreien.

Wir helfen euch, euch von der Illusion eurer Gedanken zu befreien.

Wir helfen euch, euch von der Illusion eures Egos zu befreien.

Wir helfen euch, euer Höheres Ich in eurem eigenen Ich zu finden.

Wir helfen euch, eure äußere Welt mit eurer inneren Welt zu verbinden.

Wir werden euch Informationen bringen, die wie ein Lebensstrom durch eure Adern fließen und die euch unsere Welt zeigen – lichtvoll, strahlend und göttlich.

Die Tore zu Gott wurden geöffnet.

Die Tore zu Gott in eurem Herzen wurden geöffnet.

Die Tore zum Verständnis eurer Gesamtexistenz wurden geöffnet.

Die Tore zu euch selbst wurden geöffnet.

Die Tore haben sich geöffnet, und sie bleiben offen. Eure positive Zukunft ist gesichert. Für jeden von euch, der sich für eine positive Zukunft entscheidet.

Wir sind mit euch. Wir sind in euren Herzen. Wir sind in euren Gedanken.«

21

Kosmische Kinder kommen von weit entfernten Welten zu euch

Viele Kinder eures Planeten gehören zu einer Generation, die gemeinsam mit anderen Kindern, die sich gerade auf die Inkarnation vorbereiten, neue Systeme und Strukturen der menschlichen Gemeinschaft aufbauen werden.

Schon jetzt setzen sich viele von ihnen dafür ein, dass neue Strukturen in Schulsystemen entstehen.

Sie beteiligen sich am Schutz und an der Unterstützung der Natur. Sie beteiligen sich an der Entstehung neuer Organisationen zur Erschaffung neuer Systeme, die auf Natürlichkeit und einer natürlichen Grundlage beruhen.

Diese Kinder helfen eurer Generation, indem sie durch neue und ganzheitliche Auffassungen und Einblicke zu eurer Welt beitragen. Ihre starke Anbindung an die Natur schenkt ihnen das gewaltige Potenzial, in die unterschiedlichsten Systeme der menschlichen Gemeinschaft ein Höchstmaß an Natürlichkeit, Verspieltheit und vor allem Respekt und Liebe gegenüber allen Lebewesen dieses Planeten einzubringen.

Viele von ihnen gehören zu den Kindern, die wir kosmische Kinder nennen. Ihre Seelen kommen von kosmischen Welten, um dem Planeten Erde, seiner Natur und seiner Gemeinschaft zu helfen, und wie ihr wisst, schätzen wir sie sehr.

Die meisten dieser Kinder stammen aus weit entfernten Galaxien und sogar Universen. Sie sind mit der Liebe der göttlichen Intelligenz verbunden und tragen das Licht der kosmischen Farben und Frequenzen der weit entfernten Heimat in sich, welche die Herzen der Erwachsenen und die Herzen aller Menschen öffnen, die sich in ihrer Nähe befinden.

Diese Kinder tragen die höchste göttliche Liebe in sich.

Oft fällt es den kosmischen Kindern schwer, sich zu verankern. Die lichtvolle Frequenz ihrer Seele und die lichtvolle Ausstattung ihrer DNA sind noch nicht mit den Frequenzen und Räumen in dieser Galaxis und auf diesem Planeten kompatibel. Sie strahlen eine leuchtende goldene Farbe aus, die aus ihrer Seele hervorscheint, und oft fällt es ihnen schwer, zur Ruhe zu kommen. Ständig suchen sie nach dem Licht und seinen Frequenzen, von denen sie erfüllt sein wollen. Frequenzen, die sich in höheren Bewusstseinsdimensionen befinden, sind ihr Lebenselixier, denn sie enthalten nicht nur lichtvolle Informationen für sie, sondern auch lichtvolle Nahrung.

Die Intuition dieser Kinder ist sehr gut entwickelt, und ihre Seele strebt nach der Verschmelzung mit den Räumen des Höheren Bewusstseins auf dem Planeten Erde und freut sich darauf. Aber bis es soweit ist, erleben viele von ihnen gesundheitliche Probleme an ihrer Körperhülle, und ihre Seele und ihr Geist leiden oft unter dem Mangel an lichtvollen Frequenzen der Liebe, aber sie verstehen sich auf die Kommunikation mittels Telepathie.

Häufig treffen die Seelen der kosmischen Kinder in ganzen Gruppen auf diesem Planeten ein. Die Angehörigen der Gruppen kennen sich untereinander, ihre Seelen wissen voneinander, und sie unterstützen sich gegenseitig. Vor allem während des Schlafs verbinden sie sich miteinander und reichen Wissen über die unterschiedlichsten Geschehnisse aneinander weiter. Dabei bleiben sie stets mit ihrem Heimatplaneten verbunden.

Die physischen Wesen, deren Seelen zu euch auf den Planeten Erde kommen, sind sehr weise. Sie sind bewusstseinsmäßig hoch entwickelt, und doch gibt es Verspieltheit in ihrer Seele. Man könnte auch sagen, dass sie selbst als Erwachsene in der Tiefe ihrer Seele noch Kinder bleiben. Ihrer Gestalt nach sind sie sehr schmal und jugendlich, und sie bleiben es ihr Leben lang, obwohl sie Tausende von Jahren alt werden.

Die Gemeinschaft dieser Wesen teilt sich in eine geschlechtliche und in eine geschlechtslose auf. Körperlich haben sie große Ähnlichkeit mit den Menschen. Auch ihre Genetik ist der menschlichen ähnlich, und sie ernähren sich vegan. Sie leben im Einklang mit der Natur, die bei ihnen ebenso schön und vielfältig ist wie bei euch, und sie lieben es, sich mit Tieren und anderen Lebewesen zu verbinden. Die Technologien, die sie nutzen, stärken und regenerieren die Natur fortwährend. Sie bringen lichtvolle Energie zu den Pflanzen und Tieren, damit alle auf ihrem Planeten glücklich sind und Freude empfinden. Sie selbst nennen ihre Welt den »Planeten des Glücks«.

Es sind sehr edle Wesen, welche die Gesetze des Lichts und der Liebe ehren.

Diese physischen Wesen, deren Seelen als kosmische Kinder zu euch kommen, reisen normalerweise selten zum Planeten Erde. Sie verlassen nur ungern ihre geliebte Welt, in der sie vollkommen glücklich sind und sich mit allen natürlichen Systemen verbunden fühlen. Aber ihr Kodex der Ehrenhaftigkeit und die Bitte des Kosmischen Rates brachte sie zu der Entscheidung, sich wenigstens für die Dauer einer menschlichen Inkarnation in einen menschlichen Körper zu begeben.

Wenn ihr euch vorstellt, in welchem Einklang mit der Natur und mit ihren Nächsten sie auf ihrer Welt leben, wird euch sicherlich klar, warum die Seelen der kleinen menschlichen Wesen, der kosmischen Kinder, sich nach einer reinen Natur und nach der Reinheit der menschlichen Seele sehnen. Sicher wird euch dann klar, dass die Seelen der auf dem Planeten Erde lebenden Kinder Streit hassen, weil sie bis zu der Zeit, als sie ihren Heimatplaneten verließen, nur in Freude, Leichtigkeit und Glück lebten.

Auf ihrem Planeten werden den Seelen dieser kosmischen Wesen im Schulunterricht die Gesetze des Kosmos und der Resonanz beigebracht, und man lehrt sie das kosmische Wissen. Sie lernen, sich an die kosmische Bibliothek des Wissens anzubinden und deren Informationen zu »lesen«.

So können sie den morphogenetischen Feldern alle gewünschten Informationen entnehmen. Sie lernen, die Frequenzen des Kosmos zu ihrem persönlichen Wachstum und zur Entwicklung ihrer heilerischen Fähigkeiten zu nutzen. Sie schließen sich an die Frequenzen der Farben an, um sie als Lichtnahrung, zur Regeneration des Körpers oder zur Programmierung von Kristallen zu verwenden, die sie zur Heilung verschiedenster Systeme oder als weitere Informationsquelle verwenden.

Diese kosmischen Kinder lernen schon in der Schule Telepathie und Teleportation. Sie lernen die hoch entwickelte Kommunikation mit weiteren bewusstseinsmäßig entwickelten Wesen anderer Planeten. Sie lernen die Kommunikation mit Tieren und mit allen Formen lebender wie auch nicht lebender Wesen. Sie lernen schon im Schulunterricht, freie Energie zu nutzen und mit Hilfe ihrer Gedanken zu manifestieren.

Dank ihres hohen Bewusstseinsstandes verfügen diese Wesen über eine mehrdimensionale Wahrnehmung. Sie können alles Erdenkliche aus mehreren Winkeln und Perspektiven auf einmal erfassen. Wenn sie ein Haus betrachten, sehen sie zugleich den Raum, der sich unter dem Haus befindet, hinter dem Haus und über dem Dach. Sie können die Räume innerhalb des Hauses sehen. Sie sehen sofort auch die Struktur der Materialien, aus denen das Haus gebaut ist. Sie können mit den feinstofflichen Wesen, die sich in diesem Haus befinden, augenblicklich in Kontakt treten. Sie spüren die Energien, von denen das Haus erfüllt ist. Sie erfassen die gesamte Historie, die zu diesem Haus gehört.

Auch können sie Situationen aus mehreren Perspektiven gleichzeitig wahrnehmen. Nicht nur aus ihrer eigenen Perspektive, sondern auch aus der Perspektive anderer Personen oder Wesen, die mit der Situation etwas zu tun haben. Sie können die Gedanken und Emotionen anderer zu dieser Situation förmlich sehen und ihre Absichten klar herauslesen.

Diese Fähigkeit wird im Schulunterricht mit den Kindern auf ihrem Heimatplaneten geübt, damit sie hinsichtlich ihrer Persönlichkeit wahre Vollkommenheit erreichen. Das Ziel dieses Unterrichts ist es, in Liebe den anderen zu verstehen und die Ansicht des anderen hinsichtlich einer bestimmten Sache oder Situation vollständig zu begreifen.

Und viele Wesen, die auf dem »Planeten des Glücks« zuhause sind, haben sich auf Wunsch des Kosmischen Rates für diese ehrenhafte Aufgabe entschieden: in die niedrigschwingenden 3D-Ebenen des Planeten Erde hinabzusteigen und der menschlichen Gemeinschaft zu helfen, ihre bewusstseinsmäßige Entwicklung zu beschleunigen.

Manchmal wollen diese Wesen keine Zeit verlieren, so dass sie unmittelbar und auf der gemeinsamen Zeitlinie in den Körper eines Fötus inkarnieren. Häufig treten sie aber auch erst eine Reise durch die Zeit an und inkarnieren zu einer genau errechneten und festgelegten anderen Zeit in die menschliche Gemeinschaft, meistens in große Städte, wo es nicht möglich ist, ihre Herkunft herauszufinden. Sobald ihr Alter es ihnen dann erlaubt, beginnen sie, bereits in jungen Jahren, zu handeln und Schritte zur Unterstützung der menschlichen Gemeinschaft und des Planeten Erde zu tun. Bevor sie unter euch inkarnieren, binden sie sich an das Feld der Sprache und an die Informationsfelder der jeweiligen

Gemeinschaft an, damit sie hineinpassen und sogleich ihre Wirkung entfalten können.

Wir teilen euch all das mit in der Hoffnung, dass es den Eltern kosmischer Kinder hilft. Vielleicht können die Eltern dieser Kinder so deren Verhalten und ihre Empörung über den Zustand, in dem sich die menschliche Gemeinschaft befindet, besser verstehen. Vielleicht können sie dadurch besser verstehen, welch entwickelte und weise Seele ihr Kind in Wahrheit ist und von welchen kosmischen Welten es kommt.

Wobei die Seelen dieser Kinder sich ohnehin meistens Eltern aussuchen, bei denen sie sicher sind, dass sie ihr Wissen und ihr Licht ohne Probleme hier auf Erden verbreiten können.

Oft wundern sich die Eltern dieser Kinder, warum ihr Kind so ganz anders zu sein scheint als die restliche Familie und offenbar niemandem aus der Familie ähnelt.

Aber sie selbst verstehen ihr Kind sehr gut und fühlen eine tiefe Verbundenheit mit ihm. Diese Kinder brauchen von Anfang an energetischen Schutz für ihre irdische Existenz und Entwicklung, und im Erwachsenenalter übertragen sie ihre Energie dann auf die Eltern, worauf sie sich gegenseitig unterstützen. So entsteht ein immer stärkeres Miteinander.

Viele dieser Kinder nehmen darüber hinaus noch eine weitere Aufgabe auf sich: Sie schaffen die energetischen Voraussetzungen für die Ankunft außerirdischer Zivilisationen.

Sie werden dann zu gegebener Zeit die »Dolmetscher« zwischen den bei euch eintreffenden anderen Zivilisationen und der menschlichen Gemeinschaft sein.

Viele dieser Kinder entscheiden sich nur für eine, maximal zwei Inkarnationen auf dem Planeten Erde. Die meisten kehren nach dem Verlassen ihres Körpers direkt auf ihre Heimatwelt zurück, in ihre ursprünglichen Körper, in ihr ursprüngliches Zeitalter und in ihre ursprüngliche Familie oder Verwandtschaft, von der aus sie auf die Erde kamen.

Die kosmische Familie »leiht« die Seele ihres Mitglieds lediglich für eine gewisse Zeit zur Hilfe an der Menschheit bei ihrem Übergang in höhere Sphären »aus«. Auf ihrem Planeten, der Welt, von der die Seele des kosmischen Kindes kommt, läuft Zeit nicht so ab wie auf dem Planeten Erde.

Ihre Abwesenheit dauert deshalb nicht allzu lange.

Lassen wir die Seelen dieser ehrwürdigen Wesen bei euch auf der Erde ihre liebevolle und hilfreiche Wirkung entfalten und schicken wir ihnen die Liebe unseres Herzens.

Lasst uns ihre ehrenhafte Absicht und ihre Mission segnen, für die sie sich entschlossen haben zu kommen.

Lasst uns ihre Existenz bei euch auf der Erde segnen.

Lasst sie uns auf allen Ebenen ihres Seins segnen.

In Liebe und Frieden für diesen Planeten,
für die menschlichen Wesen und ihre Zukunft!
Orin und seine plejadischen Gefährten

22

Die Energie unserer Worte verbindet euch mit uns und erhöht euer Licht und Bewusstsein

Die lange Abwesenheit von Liebe auf dem Planeten Erde ließ viele Systeme der menschlichen Gemeinschaft erkranken. Sie ließ viele menschliche Seelen und viele menschliche Herzen erkranken. In dieser Zeit kehrt für euch alles in seine ursprüngliche Ordnung zurück. Alles kehrt zu seinem ursprünglichen natürlichen Zustand zurück.

Dieses Buch unterstützt euch dabei mit der Frequenz der Liebe. Jedes Wort darin haben wir mit der Frequenz der Liebe programmiert. So haben wir euch mit der Liebe verbunden und dafür gesorgt, dass die Liebe der göttlichen Quelle zu euch fließt. Die Liebe in eurem Herzen verbindet euch mit der kosmischen Freiheit und all ihren göttlichen Werten.

Wir wissen, dass sich eure lichtvolle Frequenz der Liebe immer stärker mit uns verbindet und es nicht mehr lange dauert, bis wir gemeinsam in diesen Frequenzen leben dürfen.

Wir wissen, dass sich die telepathische Verständigung zwischen uns mit jedem neuen Tag immer weiter vertieft.

Es ist uns eine große Ehre zu beobachten, wie rasch diese Entwicklung voranschreitet, wie viele Tausende und Abertausende von Menschen sich schon jetzt dank der Worte, die Pavlina von uns empfängt, mit uns verbinden. Es ist uns eine unendliche Ehre, uns mit euch, den Lesern und Befürwortern der plejadischen Botschaften, zu verbinden. Die Verbindung erfolgt bereits beim Lesen der einzelnen Worte. Eure Systeme von Seele, Geist, Körper und eure Energiekörper leuchten dabei in wunderschön strahlenden Farben. Ihr seht für uns aus wie ein gleißendes Meer von Sternen, die euren Planeten bevölkern.

Die Strahlkraft, die beim Lesen und der Anbindung von euch ausgeht, eröffnet den Zugang zu unterschiedlichsten Dimensionen und Räumen, die euch Menschen guten Willens miteinander verbinden. Im Grunde ist alles ein Ganzes. Das Licht verbindet uns. Und euer lichtvolles Strahlen, das ihr bei der Anbindung an uns erzeugt, verbindet uns alle miteinander und lässt uns zu einer riesigen lichtvollen Gemeinschaft werden.

Wenn ihr unsere Worte lest, die Pavlina in eure menschliche Sprache »übersetzt« hat, erhöht sich euer Bewusstsein, es dehnt sich in verschiedenste Räume eures Seins aus und verbindet sich mit eurem Höheren Bewusstsein – mit eurem Höheren Ich. Euer Höheres Bewusstsein verbindet euch mit den Lichtwesen, die für euch zuständig sind. Von eurem Höheren Bewusstsein erhaltet ihr beständig lichtvolle Impulse und Informationen, welche von der Intelligenz des göttlichen Bewusstseins und von euren Lichtwesen kommen, die mit eurem Höheren Bewusstsein in ständiger Verbindung stehen.

Wenn wir euch von unserer Perspektive aus beobachten, sehen wir, dass zu euch Lesern – Sternen auf der Erde – ein glitzerndes Licht aus höheren Räumen strömt. Es durchzieht die Systeme eurer Seele, eures Geistes, eures Körpers und der Energiekörper. Ein wunderschön funkelnder Fluss des Wissens durchdringt eure Systeme und bringt Informationen zur Anhebung eurer persönlichen Lichtschwingung und zur Anhebung eures Wissens. Er bringt Informationen aus den Welten der göttlichen, unendlichen Quelle.

Eure Absicht, euch mit der Lichtwelt und ihren Wesen zu verbinden, genügt schon, um euch an die Lichtwelt und ihre Wesen anzubinden. Wir sehen, dass ihr euch bei eurer Anbindung in eurer eigenen lichtvollen Realität aufhaltet. Euch umgibt dabei eine unendliche Anzahl von Lichtwesen, die euch unendlich lieben. Jeder von euch befindet sich in seiner eigenen lichtvollen Welt, die für jeden von euch eine eigene Realität ist.

Es ist uns eine große Ehre, euch in solchen Momenten lichtvoll zu berühren.

Wie sehr es uns freut zu sehen, dass euer Leben sich dermaßen positiv verändert und eure Lichtwesen euch gemeinsam mit eurem Höheren Ich führen. Es ist wunderschön zu sehen, dass diejenigen von euch, die vorher vielleicht in Einsamkeit lebten und von der Lichtwelt ein Stück weit abgetrennt waren, nun dank des Lesens dieser Worte von Lichtwesen umgeben sind. Es befinden sich Lichtwesen um euch herum – in diesem Augenblick. Sie halten sich in eurer unmittelbaren Nähe auf. Sie begleiten euch. Sie verbinden sich mit euren Emotionen. Sie lieben euch über alles. Sie beoachten euch und wachen über euch …

Und ihre bewusste und erklärte Absicht ist es, euch auf eurem Weg zu helfen. Ihr größter Wunsch ist es, euch glücklich zu sehen.

In diesem Augenblick berühren sie euch lichtvoll. Sie verbinden sich mit eurem Herzen und mit der Liebe, die ihr in eurem Herzen tragt. Liebe verbindet euch miteinander.

Das Licht und die Liebe, die beständig in euch wachsen, erzeugen zwischen euch und euren Lichtwesen ein Band aus Licht, Liebe, Dankbarkeit und Glück. Und die lichtvolle Verbindung zwischen euch verbindet euch mit der Welt des Kosmos.

Auch unser größter Wunsch ist es, euch glücklich und frei in eurer Seele und in eurem Denken zu sehen.

Das ist unser größter Wunsch und das Ziel des Weges, den wir gemeinsam mit Pavlina schon seit dem Jahr 2016 mit euch gehen. Seit diesem Jahr begleiten wir euch erklärtermaßen und ausdrücklich, und ihr habt seitdem enorme Fortschritte in eurem Denken gemacht, in eurer Wahrnehmung, in eurer Heilung der Realität, in eurer Entwicklung des Bewusstseins – und nicht zuletzt in eurer Befreiung.

Wir sind für diese Entwicklung sehr dankbar. Wir sind sehr dankbar, dass wir schon so weit gekommen sind bei der Aufgabe, die wir uns vorgenommen haben. Denn dies ist unsere Aufgabe: Euch in Begleitung der göttlichen Liebe zu eurem Glück und zur Freiheit eurer Seele und eures Geistes zu verhelfen, zur Freiheit eurer irdischen Realität.

Jeder Mensch, der Schritte zum Glück und zu seiner persönlichen Freiheit macht, bereitet uns unermesslich viel Freude. Wir feiern ihn hier in unseren Räumen. Wir freuen uns über jeden Menschen, wirklich über jeden Einzelnen, der dank unserer Informationen den Weg zu Licht, Liebe und Freiheit einschlägt, ganz gleich, wie groß seine Schritte waren oder sind. Was einzig zählt ist, dass er sich entschieden hat, diesen Weg zu gehen.

Wir danken jedem Einzelnen von euch. Unsere Dankbarkeit begleitet euch. Wir danken jedem Einzelnen dafür, dass sie oder er das Licht unserer kollektiven lichtvollen Gemeinschaft anhebt. Denn wie ihr sicher wisst: Wir alle sind ein großes, unendliches, gemeinsames Ganzes. Und wir unterstützen uns gegenseitig.

Wir senden euch die Liebe unserer Herzen.

Affirmation der Liebe

Hier folgt nun noch eine Affirmation für euch. Sie wird euch auf eurem Weg begleiten. Sie verbindet euch mit der Liebe der göttlichen Quelle, mit der Liebe aller Lichtwesen, mit der Liebe aller liebevollen Wesen und mit der Liebe, die ihr selbst in eurem Herzen tragt.

Sprecht diese Affirmation am besten laut und sehr bewusst aus. Mit jedem ausgesprochenen Wort werdet ihr fühlen, dass die Liebe in euch und die Liebe, die euch entströmt, sich in alle Räume eures Seins und Lebens ausdehnt und euch mit allem, was für euch wesentlich ist, verbindet.

»Ich bin die Liebe der göttlichen Quelle.

Ich bin unendliche Liebe, verbunden mit allem Liebevollen.

Die Liebe meines Herzens verbindet mich mit allem Göttlichen.

Die Liebe meines Herzens verbindet mich mit allem Friedliebenden und Lichtvollen.

ICH BIN LIEBE.«

Eure plejadischen Begleiter

Orella, Vilalata, Milin, Ramuel, Rahul, Wahou

Frieden mit euch, Frieden mit uns!

23

Phänomene der aktuellen Zeit und Tipps für den Ausstieg aus der dritten Bewusstseinsdimension

In eurer jetzigen Inkarnation löst ihr euch immer mehr aus den Feldern der Illusion. Eine der Illusionen, in denen ihr euch noch befindet, lässt euch in der Annahme leben, dass ihr euch auf einer runden Erdkugel bewegt. Eure Wahrnehmung der Illusion schreibt es euch so vor und lässt euch dies glauben. Der niedrigschwingende, virtuelle dreidimensionale Raum, in dem ihr euch bewegt, ist aber eine flache, geschlossene Ebene.

Wir wollen damit nicht sagen, dass die Erdkugel nicht rund ist. Sie ist rund. Aber was ihr in der Illusion von ihr wahrnehmt, ist eine Suggestion. Es ist eine andere Erdkugel als die, auf der ihr wirklich lebt. Und um diese Wahrheit zu erfahren, müsst ihr aus den Feldern der Illusion aufsteigen und euch mit der wahren Realität der Erde verbinden, die sich wunderschön strahlend und rund im weiten Universum bewegt. Erst wenn ihr aus den Feldern dieser Illusion aussteigt, werdet ihr euch nicht mehr auf der geschlossenen, dreidimensionalen Ebene bewegen, die euch in ihrem Raum und in ihrer Zeit einsperrt und euch nicht wachsen lässt. Sie lässt nicht zu, dass sich euer Bewusstsein mit den höheren Räumen und Dimensionen verbindet.

Die Illusionsdimension der dritten Bewusstseinsebene ist in ihrem Zeitraum von der wahren Realität der Erde abgetrennt.

Ihr sollt wissen: Wie ihr selbst ist auch eure Erde ein multidimensionales Wesen. Auch sie strebt auf ihr eigenes Licht und auf ihre göttliche Realität zu. Die göttliche Intelligenz neutralisiert derzeit energetische Abdrücke der Erde, die niemandem mehr dienen und die niedrig schwingen. Sie neutralisiert eine unendliche Menge von Abdrücken, die die Erde und ihre Bevölkerung mit der negativen Vergangenheit verbindet.

Viele von euch haben sich schon ein gutes Stück weit von den Feldern der Illusion abgetrennt oder trennen sich gerade von ihnen ab. So seid ihr wenigstens teilweise bereits mit der wahren Realität der Erde und mit ihren höheren Ebenen verbunden. Von der niedrigschwingenden dritten Bewusstseinsdimension könnt ihr euch durch die Ausdehnung eures Bewusstseins und durch das Auffinden des Lichts in eurem Herzen befreien, ebenso durch das Auffinden der Liebe zu euch selbst und der Liebe zum Nächsten.

Eure Abtrennung von der niedrigschwingenden 3D-Ebene lässt euch allerdings unterschiedlichste Phänomene erleben, die euch bislang unbekannt waren.

Es kann dadurch zu Situationen kommen, die euch aus der Mitte bringen. Wenn ihr euch mit den Räumen des Höheren Bewusstseins verbindet und euch von den niedrigschwingenden 3D-Ebenen der Illusion abtrennt, zerreißen die energetischen Bänder zwischen euch und den niedrigeren Dimensionen und ihr findet euch in einem Raum wieder, der gewissermaßen zwischen den Dimensionen liegt. Es können deshalb in unterschiedlichsten Bereichen eures Systems überraschend Unregelmäßigkeiten auftreten, auf die ihr gefasst sein solltet.

Vielleicht verliert euer Körper an Stabilität. Dann kann es geschehen, dass ihr aus scheinbar unerklärlichen Gründen ausrutscht oder einen Unfall erleidet, und ihr fühlt euch, als würde sich euer Körper in einem leeren Raum befinden und nicht mehr der physischen Erdanziehungskraft unterliegen. Typisch sind auch eine Schwächung des Nervensystems und eine Instabilität des Verdauungsapparates, weil sich die Verdauungsorgane in der Mitte eures Körpers befinden und euch mit der Erde wie auch mit dem Kosmos verbinden. Und gerade auf sie wirkt sehr stark die vorübergehende Disharmonie des Zwischenraums.

Auch euer Geist, der in dieser Zeit verstärkte Arbeit leistet, befindet sich gerade häufig in diesem Zwischenraum. Es kann sein, dass er sich von eurem Gehirn und eurer Persönlichkeit abzutrennen scheint. Das könnte sich in Gedächtnisverlusten äußern. Vielleicht sucht ihr auch oft bei ganz normalen, alltäglichen Situationen vergebens nach Worten oder seid vergesslicher als sonst. Ihr könnt euch nicht konzentrieren. Eure Träume und euer Schlafstil haben sich möglicherweise verändert, da Euer Geist nicht so oft anwesend und nicht immer mit euch verbunden ist.

Vielleicht findet ihr euch auch manchmal in Situationen wieder, die euch absurd und sinnlos erscheinen. Oder euch widerfährt irgendein Missgeschick, und danach habt ihr das Gefühl, euch nicht erklären zu können, wie es eigentlich dazu kommen konnte. Ihr wart persönlich bei diesem Aussetzer geistig gar nicht anwesend. Oder ihr habt das Gefühl, dass ihr Situationen aus der Perspektive eines Fremden beobachtet oder bloß Beobachter einer Situation seid. Es ist auch möglich, dass eure elektrischen oder energetischen Geräte ihre Stabilität verlieren. Sie wurden nicht für die Schwingungen der höheren, lichtvollen Bewusstseinsdimensionen konstruiert, daher sind sie mit den hochschwingenden Frequenzen nicht kompatibel.

Der Zustrom hochschwingender, lichtvoller Frequenzen in die Ebene der 3D-Illusion bringt verschiedenste Systeme des

Menschen und seiner Wohnstätten ins Wanken. Viele Systeme kollabieren deswegen und funktionieren nicht mehr.

Wir möchten euch natürlich unterstützen und euch ein paar Tipps geben, die euch in dieser Zeit des Übergangs in die höheren, lichtvollen Dimensionen helfen können.

Tipps für deine Stabilität und einen leichteren Ausstieg aus dem Zwischenraum in höhere Bewusstseinsdimensionen

- In diesem Buch haben wir dir das **Erdsymbol** übergeben, das durch uns programmiert wurde. Dieses Heilzeichen kann in der jetzigen Zeit sehr hilfreich für dich sein, weil es dazu beiträgt, deine Stabilität zu bewahren. Es verbindet dich mit der wahren Realität der Erde und mit ihrer natürlichen Lichtmatrix. Es verbindet dich mit der reinsten Ordnung der Erde. Es verbindet dich mit der wahren runden Form deiner Erde. Es hilft dir, dich von den niedrigschwingenden Ebenen abzutrennen.
- Die Zahlenreihe **33851651** aus dem Plejadenbuch 1 (du findest sie auch im Buch *Heilsymbole & Zahlenreihen* sowie im Kartenset gleichen Namens) hilft dir ebenfalls, dich leichter von der 3D-Ebene zu lösen, und sie unterstützt dich nicht zuletzt beim Übergang in 5D. Dank dieser Zahlenreihe kannst du dich in den neuen Bewusstseinsdimensionen besser verankern. Sie hilft dir außerdem, dich von den übrig gebliebenen Elementen deines Egos, die dir nicht mehr dienlich sind, zu befreien. Gleichzeitig neutralisiert sie die energetischen Abdrücke deiner persönlichen negativen Vergangenheit und der negativen Vergangenheit vorangegangener Inkarnationen.

- Verwende die Zahlenreihe **8787** aus dem Plejadenbuch 6, die auch im Buch und im Kartenset *Heilsymbole & Zahlenreihen* zu finden ist, um dich mit allem Reinen zu verbinden, das zum Menschen gehört und das der Mensch in sich trägt. Sie schließt dich an die reinste Essenz der morphogenetischen Felder der Menschheit an und hilft dir dadurch, deinen eigenen reinsten Kern zu finden. Dies geschieht durch die Verbindung mit den reinsten kristallinen Frequenzen des Universums, die dein Herz heilt und dich mit der natürlichen Kristallmatrix deiner Galaxis und deines Planeten verbindet.
- Die Zahlenreihe **34345781** aus dem Plejadenbuch 8 ermöglicht es dir, dich an die reinste Essenz deiner Seele zu erinnern. Außerdem beschützt sie das Licht deiner Seele. Sie erinnert dich an die Aufgabe, die du dir für diese Inkarnation vorgenommen hast. Da du als Lichtarbeiter wirken wolltest, aktiviert sie deine heilerischen Fähigkeiten.
- Die Zahlenreihe **57819** aus dem Plejadenbuch 8 hilft dir, negative Programme, Erinnerungen und Visionen der Vergangenheit zu neutralisieren, die dir nicht mehr dienlich sind oder durch die Manipulation der Menschheit entstanden sind.
- Auch die Zahlenreihe **4374**, die wir dir im Plejadenbuch 7 übergeben haben, ist sehr nützlich. Sie hilft bei der Reinigung, Heilung und Regeneration deiner DNA. Sie unterstützt die Beseitigung von Schadstoffen und Nebenwirkungen jeglicher Medikamente aus deinem Körper.
- Binde dich an die **Kosmische Heilapotheke** an, die wir dir erstmals im Plejadenbuch 7 vorgestellt haben. (Erläuterungen und geführte Meditationen dazu findest du auf der Übungs-CD 8 der *Lichtbotschaften von den Plejaden*.) In der Heilapotheke gibt es alle feinstofflichen Präparate, die deinen Körper, deinen Geist und deine Seele heilen und regenerieren können.

Die Lichtwesen, die diese Heilapotheke für dich energetisch füllen, geben dir genau die Präparate, Frequenzen, Farben, Töne und geometrischen Formen, die du gerade brauchst und die dich in dieser herausfordernden Zeit unterstützen.

- Verwende die geometrische Form der **Blume des Lebens** aus dem Plejadenbuch 5 sowie dem Buch und dem Kartenset *Heilsymbole & Zahlenreihen*. (Eine Anleitung dazu findest du auf Pavlinas Sonder-CD *Die Blume des Lebens – eine Botschaft der Plejader mit geführter Meditation* zur Musik von Michael Reimann.) Ihre Form verbindet dich mit der Signatur des Universums und mit der Signatur des göttlichen Geschehens. Sie verbindet dich mit deiner ursprünglichen göttlichen Signatur, die aus Lichtkreisen besteht. Die Form der Blume des Lebens bindet dich an die Bewusstseinsdatenbank des Kosmos an, in der sich das göttliche Bewusstsein und alle Informationen der göttlichen Intelligenz befinden. Sie verbindet dich mit allen lichtvollen und liebevollen Zeiten und Räumen des Universums. Die Stellen oder Punkte, an denen sich die Kreise überschneiden, sind Eingänge in weitere lichtvolle Dimensionen und Räume. Die Form der Blume des Lebens verbindet dich mit dem Heiligen Raum deines Herzens und bringt dir dadurch unendliche Möglichkeiten für dein Sein und Leben. Die Blume des Lebens schützt dich darüber hinaus vor vielen fremden energetischen Einflüssen.

Wir möchten euch hier eine einfache Übung mit der multidimensionalen Blume des Lebens anbieten, die wir erstmals in Buch 5 der *Lichtbotschaften von den Plejaden* vorgestellt haben. Eine ausführliche Fassung findet ihr, gesprochen von Pavlina, auf ihrer Sonder-CD *Die Blume des Lebens – eine Botschaft der Plejader mit geführter Meditation* zur Musik von Michael Reimann. Darüber hinaus gibt es auch noch eine von Kathrin Mayer gesprochene Fassung auf der Übungs-CD 6 der *Lichtbotschaften von den Plejaden*, die lediglich die Meditation selbst enthält.

Dort trägt sie den Titel …

MEDITATIVE ANBINDUNG AN DIE BLUME DES LEBENS

Atme tief und konzentriere dich auf dein Herz.

Blicke ins Innere deines Herzens, in dein Herzorgan.

Beobachte, ob dein Herz strahlt. Falls es das nicht tut, lasse dein Herzorgan sich aufhellen und beobachte weiter, wie es wie eine Sonne leuchtet.

Das Leuchten durchdringt jede Zelle.

Es durchstrahlt deinen ganzen Körper.

Sei in diesem Augenblick nur für dich. Du bist der wichtigste Mensch, und mit deiner eigenen Heilung heilst du auch deine Liebsten und deine Umgebung.

Konzentriere dich nur auf dich und auf die Reinheit deines Herzens und deiner Gedanken.

Atme tief und lass mit jedem Ausatmen Sorgen und Gedanken, die dich belasten, gehen.

Kehre nun wieder zu deinem Herzen zurück, das wie eine wunderschöne Sonne strahlt und deren Strahlen deinen gesamten Körper aufhellen.

Beobachte, wie der gesamte Körper erstrahlt.

Das klare Licht durchdringt deine Aura ganz und gar.

Dein Licht ist so mächtig. Du strahlst liebevoll in alle Richtungen deiner Existenz.

Stell dir nun die Blume des Lebens vor. Stell sie dir am besten räumlich vor, in 3D.

Sie ist eine plastische und riesige Kugel.

Stell dich jetzt in diese Blume des Lebens hinein, mitten in ihr Zentrum – platziere ihr Zentrum in deinem Herzen.

Verstärke die Intensität deines liebevollen Herzenslichts und durchleuchte mit deinem Herzen alle Strukturen dieser wunderschönen Kugel.

Du bist dadurch absolut an den ursprünglichen Code und die Signatur des Universums angebunden. Du bist absolut mit der göttlichen Ordnung verbunden. Durch deine Anbindung an die Blume des Lebens harmonisierst du dich und bist energetisch geschützt.

Atme tief und mache dir die Kraft deiner Verbindung mit dem Universum und damit der Verbindung mit dir selbst bewusst.

Wenn du deine Verbindung mit der göttlichen Signatur noch verstärken möchtest, visualisiere, wie sich diese plastische Blume des Lebens in ihrer Struktur ins Unendliche ausdehnt – mit dir als Mittelpunkt.

Segne dich auf allen Ebenen deiner Existenz.

Es gibt allerdings noch weitere Möglichkeiten für einen leichteren Ausstieg aus dem Zwischenraum in höhere Bewusstseinsdimensionen, die wir euch als wichtige Hinweise und Übungen gelegentlich im Verlauf unserer Botschaften durchgegeben haben. Auch die folgenden Hilfsmittel können dazu beitragen, den Zustrom hochschwingender, lichtvoller Frequenzen in die Ebene der 3D-Illusion besser erträglich zu machen …

Weitere Tipps und Ratschläge für deine Stabilität

Übe dich in Vergebung. Ein großer Faktor beim Ausstieg aus niedrigschwingenden Ebenen ist Vergebung. Vergib dir selbst, vergib anderen und bitte andere um Vergebung. Auch eine Vergebung, die auf Seelenebene durchgeführt wurde, bringt Freiheit, Gesundheit auf allen Ebenen deines Seins und neue positive Energie. Hierzu dürfen wir dir das Ritual der Vergebungsübung im Plejadenbuch 3 empfehlen, das auch im Buch *Heilsymbole & Zahlenreihen* sowie im gleichnamigen Kartenset zu finden ist. Eine geführte Meditation enthält die Übungs-CD 2, gesprochen von Kathrin Mayer.

Lass Emotionen und Gedanken unnatürlicher Angst los. Angst bindet die Energie des Herzens und verschließt den Heiligen Raum deines Herzens. Unnatürliche Angst ist die am meisten belastende Emotion, die dem Menschen durch die dunklen Mächte aufgebürdet wurde. Im Plejadenbuch 2 haben wir dir im Zusammenhang mit dem Einfluss der Kirche eine Affirmation vorgestellt, die wir dir hier erneut empfehlen möchten. Sie ist auch im Buch und im Kartenset *Heilsymbole & Zahlenreihen* enthalten.

Denke positiv. Segne Gedanken, die nicht zu dir gehören und dich binden. Die Segnung transformiert sie in eine lichtvolle Form. Auch negative Gedanken kannst du bitten, dich zu verlassen und zu ihrem Ursprung zurückzukehren. Erlaube ihnen einfach nicht, zu dir zurückzukehren. Gedanken sind intelligent und können deine Absicht verstehen. Negative Gedankenformen haben nicht das Recht, zu dir zu kommen und in deinen freien Willen einzugreifen, wenn du es ihnen nicht erlaubst.

Kontrolliere deine Gedanken. Rede nicht schlecht oder böse über andere. Versuche, in jedem Menschen und Wesen, der dir egal unter welchen Umständen begegnet, dessen reinste Essenz zu sehen. Denke immer daran: Die reinste Essenz verbindet euch.

Handele nach dem Gesetz der Resonanz. Alles, was du denkst und tust, hat Folgen. Ziehe deshalb nur das in dein Leben, was auch wirklich positiv und liebevoll ist.

Fühle Dankbarkeit in deinem Herzen. Dankbarkeit verbindet dich mit deinen Lichtbegleitern und eröffnet dir den Zugang zu allen lichtvollen, liebevollen Räumen und Zeiten des Universums. Dankbarkeit aktiviert den Heiligen Raum deines Herzens.

Meditiere. Ganz gleich, wie deine Meditation auch aussieht, ob du im Sitzen, Liegen oder Gehen meditierst, ob mit oder ohne Musik, vereine bei der Meditation deine Seele, deinen Geist und deinen Körper zu einem Ganzen. Dein Herz öffnet dadurch ein Lichtportal zu den Welten des Lichts und zu ihren Wesen.

Gehe so oft in die Natur, wie es dir möglich ist. Die Natur ist der beste Heiler, suche sie deshalb möglichst häufig auf. Die Sonne bringt dir lichtvolle Informationen für die Entwicklung deiner DNA und für deine Bewusstseinsentwicklung. Auch das Element Wasser hilft dir, deine DNA zu regenerieren, zu heilen und zu reinigen. Die Naturwesen reinigen während deines Aufenthalts deinen Geist, deine Seele und deinen Körper.

Ernähre dich hilfreich. Versuche, leichte und gesunde Kost zu dir zu nehmen, die deine Energien nicht in Unruhe bringt. Trinke viel qualitativ hochwertiges Wasser.

Finde wieder die Liebe in dir. Beginne damit, dich selbst wertzuschätzen. Deine Selbstliebe verbindet dich mit der Liebe der göttlichen Quelle und mit allem Liebevollen, das sich um dich herum befindet. Unter dem Titel *Selbstliebe zur Heilung auf allen Ebenen* haben wir eigens dazu ein hilftreiches Heilungs-Set gechannelt, das Pavlina für euch eingesprochen hat. Auch ein umfangreiches Online-Webinar ist entstanden, das wir *Die Plejader begleiten dich zu deiner Selbstliebe* genannt haben.

Lass die Energie der Neuen Zeit eintreten

Noch ein allgemeiner Ratschlag. Befreie dich von belastenden Dingen, die deine Energie binden, werde alle Gegenstände in deinem Haushalt los, die dir nicht dienen oder die dir keine Freude mehr bereiten. Entledige dich auch aller Gegenstände, die dir Lebensenergie rauben und die Energie deines Hauses senken. Lass dein Zuhause wieder frei atmen. Räume die Bereiche in deiner Wohnung oder deinem Haus auf, von denen du das Gefühl habt, dass die Energie darin »steht« oder nicht zirkuliert.

Spüre nach Gegenständen, die dich mit schlechten Gedanken und Erinnerungen oder der niedrigschwingenden Energie der 3D-Ebene verbinden, und beseitige sie. Du wirst merken, dass sich deine Seele, dein Geist und dein Körper leichter anfühlen.

Lass die Energie der Neuen Zeit, die sich schon jetzt mit euch allen verbindet, in dein Zuhause eintreten. Gib ihr Raum, indem du Gegenstände loswirst, die belastende und »alte« Energien in sich tragen. Die Energie der Neuen Zeit verbindet sich mit allen deinen Systemen. Gib ihr dafür den nötigen Raum.

Es gibt noch eine unendliche Menge an Tipps und Ratschlägen, die wir aufzählen könnten. Aber wie schon oft mitgeteilt, ist es das Wichtigste, eine Absicht für das Positive zu entwickeln, eine Absicht für eure Heilung oder eine Absicht für jegliche andere Angelegenheit. Die Absicht ist ein aus eurem System austretender Lichtstrahl. Und dieser Lichtstrahl öffnet Räume, Zeiten und Dimensionen zur Erfüllung eures Wunsches.

Seid glücklich, freut euch, tanzt, werdet wieder zu einem kleinen glücklichen Kind, das im Hier und Jetzt lebt. Eure Freude und eure Glückseligkeit werden sich in den Räumen der Lichtwelten widerspiegeln, in denen sich diese wunderschönen Eigenschaften befinden. Eure Lichtbegleiter und die Welt um euch herum – die irdische und die lichtvolle – freuen sich mit euch.

Und wir freuen uns auch mit euch, dass wir euch erneut begleiten und euch helfen durften. Wir danken euch allen für euer Interesse und für eure Herzensliebe.

Milin ***und seine plejadischen Gefährten***
Frieden mit euch, Frieden mit uns!

24

Ausstieg aus niedrigschwingenden Dimensionen durch die Ausdehnung eures Bewusstseins

Schon einige Male haben wir erwähnt, dass euch der Ausstieg aus niedrigschwingenden Dimensionen durch die Ausdehnung eures Bewusstseins gelingt. Zu eurer weiteren Unterstützung möchten wir euch nun eine Affirmation übergeben, die euch bei der Entwicklung und Ausdehnung eures Bewusstseins helfen kann. Es wird euch durch diese Affirmation leichter fallen, aus niedrigen Schwingungen auszusteigen. Es wird euch durch sie leichter fallen, euch in 5D zu bewegen.

Diese Affirmation gibt euch die Möglichkeit, euch mit eurem Höheren Bewusstsein und eurer höheren Intelligenz zu verbinden. Eure Seele dehnt ihr Licht aus und verbindet sich mit der Frequenz der kosmischen Freiheit. Euer Geist verbindet sich mit positiven Wesen und Wesen guten Willens. Euer Körper verbindet sich mit den kosmischen Farben und verschmilzt mit der göttlichen Ordnung.

Wenn ihr diese Affirmation sprecht, kann die Frequenz des göttlichen Wissens und Bewusstseins frei zu euch strömen. Der Wissensstrom der göttlichen Freiheit führt euch dann Informationen zu, die euch mit dem Wissen der unendlichen göttlichen Intelligenz verbinden. Dadurch wird jene Kraft aktiviert, die sich im Heiligen Raum eures Herzens verbirgt. Ihr beginnt daraufhin Schritt für Schritt, irdische Situationen aus einer höheren Sicht zu betrachten, ihr beginnt, die Komplexität des irdischen und kosmischen Geschehens zu verstehen.

Die folgende Affirmation zum Ausstieg aus niedrigschwingenden Dimensionen haben wir mit unserer Liebe und der göttlichen Liebe programmiert. Sie ist mit positiven Frequenzen und kosmischen Farben programmiert, die euch helfen, die einzelnen Worte der Affirmation, wenn ihr sie aussprecht, in positive energetische Abdrücke eurer Realität zu verwandeln.

Jedes Wort dieser Affirmation hat seine spezifische Schwingung, die sich in eurem System verankert.

Jedes Wort dieser Affirmation bringt euch Klarsicht und die Entschlossenheit, die niedrigschwingenden Realitäten zu verlassen und aus ihnen auszusteigen.

Macht euch bewusst, dass sich nach der Arbeit mit dieser Affirmation negative Programme, aber auch Menschen oder Wesen, die euch belasten, höchstwahrscheinlich von euch verabschieden werden. Seid euch dessen bewusst.

Verwendet diese Affirmation nur dann, wenn ihr für die Abtrennung von allem Negativen wirklich bereit und darauf vorbereitet seid, dass die Abtrennung euch zu Veränderungen führen wird. Seid euch bewusst, dass die Lichtführer, die sich in eurer unmittelbaren Nähe befinden, jedes eurer Worte sehen und hören und euch positive Veränderungen zuführen werden.

Wir wünschen euch viel Kraft und Erfolg auf eurem neuen irdischen Weg voller Licht und Liebe.

Affirmation zum Ausstieg aus niedrigschwingenden Dimensionen

»Ich [dein Vorname] rufe alle Lichtführer zu mir, die für meine Existenz zuständig sind. Ich verbinde mich mit ihnen kraft meiner Liebe, meiner Dankbarkeit und meiner reinsten Absicht. Ich bitte alle meine Lichtführer um Hilfe und um Erhörung meiner Absicht.

Ich [dein Vorname] entscheide mich jetzt und in diesem Raum dafür, aus den niedrigschwingenden Dimensionen meiner Realität auszusteigen.

Mein Entschluss steht vollkommen fest und ist im Einklang mit meinem freien Willen und meinem Bewusstsein. Mein Entschluss ist im Einklang mit der göttlichen Ordnung.

Ich entscheide mich jetzt und in diesem Raum, alle niedrigschwingenden Belastungen loszulassen, die mich an meiner Bewusstseinsentwicklung hindern.

Ich entscheide mich jetzt und in diesem Raum, meine Seele, meinen Geist, meinen Körper und meinen Energiekörper von allen niedrigschwingenden Belastungen zu befreien.

Ich entscheide mich jetzt und in diesem Raum, die Realität der niedrigschwingenden Dimensionen zu verlassen.

Ich entscheide mich im Hier und Jetzt, in die höheren lichtvollen Bewusstseinsräume aufzusteigen und mich mit meinem Höheren Bewusstsein und meiner höheren Intelligenz zu verbinden.

Meine Absicht ist klar und rein.

Meine Absicht verbindet mich im Hier und Jetzt mit der göttlichen Ordnung, mit dem göttlichen Bewusstsein, mit der göttlichen Liebe, mit dem göttlichen Licht und mit allen Elementen der göttlichen Quelle.

Mein Herz ist erfüllt von Liebe, Licht und Dankbarkeit.

Mein Herz verbindet mich mit allem Liebevollen und Lichtvollen in dieser und allen anderen Welten.

Meine Seele, mein Geist, mein Körper und mein Energiekörper sind im Hier und Jetzt an die kosmische Freiheit angebunden.

Im Hier und Jetzt bin ich frei.«

Mit Liebe und Frieden in unseren Herzen!
Eure plejadischen Begleiter

25

Kosmische Farbwesen, die Eigenschaften der Farben und eine Übung zur Kontaktaufnahme

Jede kosmische Farbe hat ihre eigenen Frequenzen, ihr eigenes Licht, ihre eigenen Informationen, ihre eigenen kosmischen Töne und ihre eigenen geometrischen Formen.

Jede kosmische Farbe unterstützt euch mit ihrer spezifischen, individuellen Wirkung. Und dabei ergänzen sich die einzelnen Farben gegenseitig und bilden so gemeinsam ein einziges riesiges, kosmisches Element. Jede dieser Farben ist einzigartig und jede dieser Farben hilft dem gesamten, unendlichen Geschehen des unendlichen Universums, sich in seiner Größe und in seiner Einzigartigkeit zu entfalten.

Die kosmischen Farben helfen bei der Entstehung und Entwicklung neuer Lebensformen und neuer Existenzen. Sie helfen zu regenerieren, sie helfen zu heilen und sie sorgen dafür, dass ein Wesen sich bewusstseinsmäßig entwickelt.

Jedes Wesen in einem physischen Körper bindet sich an die Farbvielfalt der göttlichen Quelle an. Ein solches Wesen nutzt die kosmischen Farben für das eigene Sein und Leben an bestimmten

Orten oder Planeten des unendlichen Universums. Es nutzt diese Farben lichtvoll und lässt die Frequenzen in seinen physischen und feinstofflichen Körper einfließen.

Auch jeder Mensch ist an die Farbfrequenzen der göttlichen Quelle angebunden. Selbst wenn es nicht allen Menschen bewusst ist, beeinflussen kosmische Farben das Leben, die Lebenssituationen und die Körperfunktionen eines jeden Menschen.

Jeder Mensch nimmt die Farben der göttlichen Quelle auf, die ihn nähren und regenerieren, und jeder Mensch hat seine spezielle Anbindung mit auf diesen Planeten gebracht, die ihm eigen ist und die sich als körperliche Lichtschwingungen zeigt.

Diese Lichtschwingungen, die kosmischen Farbfrequenzen, durchdringen die Aura und bilden die grundlegenden Hauptfarben des Energiekörpers. Sie durchdringen auch die Chakren, sie durchdringen die Organe und Körpersysteme. Die Organe schwingen dann im Einklang mit den kosmischen Farbfrequenzen und den Frequenzen der umgebenden Planeten. Die Chakren sind farblich und lichtvoll mit den Chakren des Universums verbunden.

Das Farbspektrum, das zu jedem Menschen kommt, durchdringt dessen Seele und dessen Geist. Es verbindet ihn so mit der Farbfülle und Farbvielfalt des Universums. Unter normalen Umständen – und damit meinen wir einen Zustand, in dem er mit dem Universum und gleichzeitig mit der Erde verbunden ist – ist der Mensch in der Lage, sich absolut zu regenerieren und die kosmischen Farben optimal in seine Systeme aufzunehmen.

Durch die Manipulation in der Vergangenheit wurde der Mensch leider teilweise von der Farbvielfalt des Universums abgeschnitten – doch mit dem schrittweisen Ausstieg aus den niedrigschwingenden Ebenen erhält er jetzt immer mehr Möglichkeiten, sich an die heilenden und verjüngenden Wirkungen der Farben anzubinden.

Der Körper des Menschen wird zusehends feinstofflicher, die Chakren werden lichtvoller, die Meridiane verbinden sich mit den

Systemen des Universums. Die kristallinen Systeme des Menschen nehmen die kristallinen Frequenzen des Universums auf und sorgen dafür, dass er sich mit den Kristallfrequenzen der höheren Bewusstseinsräume verbindet. Dank dieser Entwicklung wird der Mensch in Zukunft wieder verstärkt die heilenden und regenerativen Wirkungen der kosmischen Farben nutzen können.

Für jede kosmische Farbe sind außerdem bestimmte kosmische Lichtwesen zuständig. Es sind feinstoffliche Wesen, die im ganzen Universum als lichtvolle Hüter wirken. Diese Lichtwesen arbeiten in Einklang mit der göttlichen Quelle und mit der göttlichen Ordnung. Sie befinden sich im göttlichen Raum und arbeiten wiederum mit feinstofflichen Lichtwesen zusammen, die für die einzelnen Planeten zuständig sind.

Die Lichtwesen der kosmischen Farben sind über ihr Bewusstsein mit der göttlichen Intelligenz verbunden.

Im übertragenen Sinn könnte man deshalb sagen, dass jede Farbe einen Teil des göttlichen Bewusstseins und der göttlichen Intelligenz in sich trägt. Und jede Farbe kommt direkt aus der göttlichen Quelle zu euch.

Eigenschaften der kosmischen Grundfarben

Wir möchten euch aus spiritueller Sicht einige wichtige Eigenschaften der kosmischen Grundfarben beschreiben. Natürlich gibt es eine unzählige Menge an Farbnuancen und Farbtönen. Es existieren auch Farben, die ihr mit dem menschlichen Sehsinn noch nicht wahrnehmen könnt, weil euer Gehirn darauf bislang nicht eingestellt ist. Deshalb beschreiben wir euch hier einige kosmische Grundfarben.

Anschließend helfen wir euch, durch eine einfache Übung und Affirmation mit den Lichtwesen der zuständigen Farben in Kontakt zu treten.

❧ **Kosmische Farbe WEISS:** Sie verbindet euch mit der Reinheit, Weisheit und dem Frieden des Universums. Sie ist stark mit der »Stille« des Universums verknüpft und hilft eurem physischen Körper, Schmerzen zu lindern.

❧ **Kosmische Farbe ROSA:** Diese Farbe bringt Liebe – die Liebe der göttlichen Quelle. Sie sorgt dafür, dass ihr Selbstliebe entwickelt und euch mit allem Liebevollen verbindet. Sie ist der »Hauptaktivierer« der Dankbarkeit in eurem Herzen. Diese Farbe bringt eine natürliche, kosmische weibliche Kraft. Genau wie die Farbe Gold bringt sie das höchste Bewusstsein der Liebe der göttlichen Quelle. Kleine Babys sind bei der Ankunft auf dem Planeten Erde mit Rosa sehr stark verbunden. Die Liebe der göttlichen Quelle ist eine Frequenz, die fähig ist, alle negativen Programme und Belastungen zu heilen, die der Mensch in sich trägt, sofern der Mensch die Heilung zulässt.

❧ **Kosmische Farbe GELB:** Gelb ist eine Farbe, die euer Gesamtsystem durchstrahlt und es bei der Anbindung an weitere kosmische Farben unterstützt. Sie wirkt wie ein Verstärker für den Empfang der anderen kosmischen Farben und ist mit der ursprünglichen göttlichen Frequenz der Sonne in eurem Planetensystem verbunden. Genau wie die Farbe Gold unterstützt Gelb die Entwicklung eurer DNA. Sie verbindet euch mit eurer Intuition. Kinder lieben diese Farbe, weil sie sie an die Freude erinnert, von der die göttliche Quelle erfüllt ist. Auch die meisten in der freien Natur lebenden Tiere lieben sie.

❧ **Kosmische Farbe ORANGE:** Diese Farbe ist die Inspiration der göttlichen Intelligenz. Sie bringt euch Kreativität und eine Anbindung an eure ursprünglichen kreativen Eigenschaften. Auch neue Einfälle und Ideen bringt sie euch. Sie bringt Verspieltheit, Fröhlichkeit und gleichzeitig ein Gefühl der Sicherheit.

❧ **Kosmische Farbe ROT:** Rot bringt vor allem eurem Körper die Kraft des Universums. Es bringt ihm Lebensenergie und unterstützt ihn beim Empfang anderer Farbfrequenzen. Rot ist die Farbe der Manifestation. Genau wie Orange ist Rot die Farbe eurer Absicht, die ihr vor eurer Manifestation oder vor der Visualisierung eures Wunsches aus eurem System aussendet. Rot ist die Farbe eurer Entschlossenheit und lässt eure Gedanken zur Realität werden. Diese Farbe hilft eurem Geist, sich von negativen Programmen zu befreien.

❧ **Kosmische Farbe HELLBLAU:** Hellblau bringt Entspannung für euren physischen Körper. Sie bringt euch die natürliche, kosmische männliche Kraft und die Magie des Universums. Diese Farbe unterstützt euren Geist in seiner Bewusstseinsentwicklung. Sie verbindet euch mit dem Element Wasser des Planeten Erde, und sie bringt eurem Körper »Abkühlung« bei fiebrigen Zuständen und Entzündungen.

❧ **Kosmische Farbe DUNKELBLAU/INDIGO:** Dies ist die Farbe Gottes. Genau wie Gold erzeugt sie einen Strahl des göttlichen Wissens, der göttlichen Kraft und des allmächtigen Geschehens. Der Mensch ist mit dieser Farbe über sein Drittes Auge verbunden, zu dem Informationen des göttlichen Wissens und des unendlichen göttlichen Geschehens kommen. Sie hilft bei der Entwicklung von Telepathie und Intuition.

❧ **Kosmische Farbe GRÜN:** Diese Farbe dient der Heilung. Sie heilt vor allem eure Seele. Sie hilft eurer Seele, das Bewusstsein auszudehnen und sich dadurch mit weiteren Wesen von entwickeltem Bewusstsein zu verbinden. Gleichzeitig beruhigt sie eure Seele. Mit Hilfe dieser Farbe befreit eure Seele sich von Emotionen, die nicht zu ihr gehören. Grün hilft auch bei der Heilung eures Körpers. Es verbindet euch mit der Farbe eurer Wälder und eurer Natur und verstärkt so die Heilwirkung natürlicher Elemente und Frequenzen.

❧ **Kosmische Farbe LILA:** Sie hilft bei der Transformation jeglicher negativer Angelegenheiten und reinigt eure Aura und alle Abschnitte und Bereiche eures energetischen Körpers. Die Frequenz dieser Farbe ermöglicht euch einen leichteren Übergang in höhere Bereiche des Bewusstseins. Diese Farbe fungiert daher, genau wie die kosmische Farbe Gold, als energetische »Brücke« zu den neuen, positiven Systemen eurer Zukunft.

❧ **Kosmische Farbe SILBER:** Silber bereinigt und neutralisiert Negatives, das sich in euren Zellen oder Körpersystemen angesammelt hat. Es kühlt und wirkt entzündungshemmend, und ihr könnt es bei der Energiearbeit auch sehr gut zum Spiegeln von Energien verwenden, falls ihr den Eindruck habt, euch besonders schützen zu müssen oder Angriffen ausgesetzt zu sein. Silber macht euch unsichtbar für negative Energien oder Wesen. Da diese Frequenz hervorragend mit den magnetischen Gesetzen des Universums kommuniziert, ist Silber bei hoch entwickelten kosmischen Zivilisationen außerdem die Domäne der technischen Errungenschaften. Genau wie die Farbe Gold hebt Silber die göttliche Allmacht hervor. Gemeinsam bilden sie den »Fluss des Wissens«, der von der göttlichen Quelle zu euch strömt – einen wunderschönen Strom, in dem die Wellen aus funkelnden Teilchen bestehen. Mit der Farbe Silber sind auch sehr lichtvolle Wesen der fünften und siebten Bewusstseinsdimension verbunden. Es ist eine Vorstufe der Farbe Gold, die aus spiritueller Sicht die höchste Bewusstseinsfrequenz der göttlichen Quelle bildet, und eine Inspiration für neue Lebensformen, die in der göttlichen Quelle entstehen. Wir nehmen die Farbe Silber als Gegenstück zur Farbe Gold wahr. Beide ergänzen sich gegenseitig und wirken oft gemeinsam. Die Farbe Silber ist der »kosmische Partner« der goldenen Farbe.

❧ **Kosmische Farbe GOLD:** Diese Farbe bringt die Anbindung an die göttliche Quelle und an absolut alle ihre Eigenschaften. Gold ist die Farbe der Entstehung des kosmischen Lebens und der Symbolik des kosmischen Lebens. Es bringt die höchste Spiritualität und Anbindung an das kosmische Bewusstsein der Christusenergie und symbolisiert den Glanz und die Strahlkraft des Universums, seine unendliche Schönheit und sein unendlichen Geschehen. Gold durchdringt alle Wesen des unendlichen kosmischen Geschehens. Es ist die Farbe von Entstehen und Vergehen, wobei es Vergehen im Grunde gar nicht gibt. Vergehen bedeutet Übergang oder Geburt in eine neue Form. Die Farbe Gold verbindet euch mit der unendlichen Vielfalt und Multidimensionalität des Universums. Durch diese Farbe ist die Essenz eines jeden Wesens mit der göttlichen Quelle verbunden, der göttlichen Heimat. Auch Wesen, die sich für eine andere als die positive Entwicklung ihrer Existenz entschieden haben, tragen Spuren einer goldenen Verbindung zur göttlichen Quelle in sich. Diese Anbindung durch die goldene Farbe, und sei sie noch so gering, sorgt dafür, dass nicht so lichtvolle Wesen sich eines Tages an das göttliche Licht in ihrem Inneren erinnern. Die Farbe Gold nährt unter optimalen Umständen euer ganzes System. Sobald ihr euch für euren persönlichen Lichtkörperprozess entscheidet, stellt ihr fest, dass sich die goldene Farbe in euren Systemen ausdehnt. Jede Zelle eures Körpers verbindet sich beim Lichtkörperprozess mit der goldenen Frequenz und lässt ihr Licht erstrahlen.

❧ **Kosmische Farbe KRISTALL:** Überall im Universum ist die kristalline, durchsichtige Frequenz enthalten. Sie bringt euch die Anbindung an die reinsten Systeme des Göttlichen. Sie verbindet euch mit der Bewusstseinsdatenbank des Universums und bringt all euren Systemen, euren Zellen und eurer DNA kristalline Lichtinformationen, die euch bei der Ausdehnung eures Bewusstseins helfen. Die kristalline kosmische Frequenz durchdringt sämtliche Systeme eures Körpers und erschafft in euch Kristallstrukturen, die euch mit den Kristallstrukturen eurer Galaxis und des Planeten Erde verbinden. Diese Kristallfrequenz heilt mit ihrem unvergleichlichen Licht die Herzen der Menschen und reinigt sie von allen niedrigschwingenden Emotionen. Sie bringt die Herzen der Menschen in die ersehnte Reinheit und verbindet sie so mit der reinsten Essenz ihrer wundervollen Seele.

☙ **Kosmische Farbe BRAUN, GLITZERND:** Die Farbe Braun gehört zwar nicht zu den Grundfarben, aber durch die Vermischung unterschiedlicher Farbtöne fließt diese Frequenz als schimmerndes Braun in euren Körper ein. Die Intelligenz eures Körpers liebt diese Farbe, weil sie sie mit dem Element Holz und der Erde verbindet, die ihr Kraft verleiht. Braun hilft ihr, sich mit der Natürlichkeit des Planeten zu verbinden. Die braune, glänzende Farbe wirkt auf euren Körper beruhigend und erdend.

☙ **Kosmische Farbe SCHWARZ:** Schwarz ist eigentlich die Farbe der »Nacht«. Diese Farbe, die im physikalischen Sinne eigentlich gar keine Farbe ist, findet sich überall dort, wo gerade kein Licht ist. Diese Farbe der »Nacht« hilft eurem System, in Ruhe und Entspannung zu kommen. Sie hilft allen Wesen und allen Existenzen des Lebens, Licht in sich zu finden.

Im Grunde kommunizieren alle kosmischen Farben und die Farbnuancen der kosmischen Farben miteinander und bringen allen anderen Wesen dieses Universums Lebensenergie, Bewusstseinsentwicklung und die Anbindung ans Universum. Auch wenn jede kosmische Farbe ihre spezifischen Eigenschaften hat, lieben diese Wesen sich doch gegenseitig und ehren einander. Die Lichtwesen der kosmischen Farben lieben auch euch und kommen nach einer Absprache mit euren persönlichen Lichtbegleitern gerne zu euch, um euch mit Unterstützung der göttlichen Intelligenz in die göttliche Ordnung zu bringen.

Wenn ihr das Gefühl habt, dass ihr irgendeine kosmische Farbe gerade verstärkt benötigt, könnt ihr euch mit der entsprechenden Farbfrequenz oder den Lichtwesen dieser Farbe verbinden und sie um Hilfe bitten. Ihr könnt die Frequenz dieser Farbe auch nutzen, indem ihr Kleidung in der Farbe tragt, die ihr momentan intuitiv besonders braucht. Oder ihr programmiert Wasser mit der entsprechenden Farbe, das ihr dann schluckweise trinkt. Stellt dazu ein Glas Wasser für mindestens drei Minuten auf ein entsprechend gefärbtes Papier. Nach drei Minuten ist das Wasser von der Frequenz dieser Farbe erfüllt.

DEINE KONTAKTAUFNAHME MIT DEN KOSMISCHEN FARBWESEN

Wenn du mit den Wesen einer bestimmten Farbfrequenz in Verbindung treten möchtest, kannst du die folgende einfache Übung mit Affirmation durchführen. Dazu machst du es dir bequem und atmest tief.

Lass dein Herz lichtvoll erstrahlen.

Fühle Dankbarkeit in deinem Herzen.

Sende einen Strahl der Absicht von deinem Herzen aus und verbinde dich im Hier und Jetzt mit den kosmischen Wesen der von dir ausgewählten Farbe.

Und nun sprichst du laut …

»Die Dankbarkeit meines Herzens verbindet mich mit den Lichtwesen und der Intelligenz der kosmischen Farbe [zum Beispiel Weiß].

Ich bitte die Intelligenz und Frequenz der [zum Beispiel weißen] kosmischen Farbe, in mein System zu treten. Ich bitte die Intelligenz und Frequenz der [zum Beispiel weißen] kosmischen Farbe, in meinem System zu wirken und mir so Heilung und Regeneration zukommen zu lassen.

Mein Gesamtsystem empfängt im Hier und Jetzt die Intelligenz und Frequenz der kosmischen Farbe [zum Beispiel Weiß].

Mein Gesamtsystem ist an die göttliche Ordnung der Farben angebunden.

Danke, danke, danke.«

Ramuel und seine plejadischen Gefährten
Frieden mit euch, Frieden mit uns!

26

Die Lichtwesen höherer Bewusstseinsdimensionen warten schon darauf, sich mit euch zu verbinden

Wenn ihr energetisch mit kosmischen Farben arbeitet oder euch während eures Aufenthalts in der Natur mit kosmischen Farben verbindet, werdet ihr bestätigt finden, dass sich euer ganzes System über die neu geschöpfte positive Energie freut.

Eure Organe erinnern sich an ihre Anbindung an den Planeten Erde und fangen deshalb auch an, sich wieder an die energetischen Frequenzen des Sonnensystems anzubinden. Euer Körper erinnert sich daran, dass er Teil des gesamten Universums ist. Euer Geist erinnert sich daran, dass er Teil der Menschheitsvölker der galaktischen Welten ist, und eure Seele verbindet ihr Licht mit allen lichtvollen Frequenzen und Wesen des Kosmos.

Die Elemente, von denen der Planet Erde so großzügig und im Überfluss erfüllt ist – Wasser, Erde, Feuer und Luft – werden leichter mit euch in Verbindung treten und besser mit euch kommunizieren und zusammenarbeiten können. Gleichzeitig werden die Lichtwesen, die diesen Elementen zugewiesen sind, euch verstärkt die positiven Eigenschaften der Elemente zukommen lassen können. Ihr werdet sichtbarer für sie werden.

Beispielhaft für die Fülle an Lichtwesen, die euch auf eurem spirituellen Weg begleiten, möchten wir euch hier das Wirken von fünf Erzengeln nahebringen.

Sie haben für die Elemente Wasser, Erde, Feuer und Luft, mit denen ihr jetzt immer leichter und selbstverständlicher in Verbindung treten werdet, die größte Bedeutung.

❧ **Erzengel Gabriel**, der für das Element Wasser zuständig ist, gilt als Engel der Verkündigung und der Offenbarung. Er ist der Überbringer von Botschaften und der Erklärer von Visionen und kümmert sich vor allem um die Energetisierung von Flussquellen. Er kümmert sich um eine möglichst hohe Wasserqualität. Zusammen mit anderen lichtvollen und kosmischen Wesen reichert er das Wasser in großen Seen, Meeren und Ozeanen mit Sauerstoff an. Er energetisiert aber nicht nur das Wasser auf diesem Planeten, sondern auch die Flüssigkeiten in eurem Körper. Das macht ihn für euch zu einem der wichtigsten Lichtwesen, denn auf diese Weise aktiviert er die lichtvollen Informationen der menschlichen DNA, die bei euch zur Heilung, Reinigung und Regeneration führen. Wir haben dies bereits in unserer Botschaft über das neue natürliche Matrixsystem galaktischer Ordnung zum Ausdruck gebracht, die ihr im Plejadenbuch 7 nachlesen könnt. Dank dieser Aktivierung ist es dem menschlichen Wesen überhaupt erst möglich, die ersten Schritte zur erweiterten Bewusstseinsentwicklung zu tun und all seine DNA-Stränge neu anzubinden. Durch seine auf das Wasser bezogene Energie ist er in der Zeit der Schwangerschaft auch bei den Ungeborenen präsent und überträgt seine Energie auf das Fruchtwasser des Kindes, und er ist für das Aufkommen von Regen und Schnee zuständig, wobei wir uns auf den natürlich vorkommenden Regen und Schnee ohne Manipulation des Wetters beziehen.

❧ **Erzengel Uriel** ist der Patron des Elements Erde und der Engel der Manifestation. Er nährt die Erde energetisch und schenkt so den Menschen und allen Wesen dieses Planeten Ernte und Fülle. Er hilft bei der Energetisierung der Energiebahnen unter der Erdoberfläche, aktiviert gemeinsam mit anderen kosmischen Mächten die heiligen Orte dieses Planeten und kommuniziert beständig mit Gaia. Er unterstützt sie auch bei ihrem eigenen Aufstieg in höhere Dimensionen. Dabei arbeitet er mit lichtvollen und kosmischen Frequenzen zusammen, die eine Anhebung der irdischen Schwingung erleichtern. Gleichzeitig hilft er dem Planeten Erde, sich von negativen energetischen Abdrücken der Vergangenheit zu reinigen. Und euch Menschen hilft er, sich zur besseren Erdung energetisch mit dem Element Erde zu verbinden.

❧ **Erzengel Michael** ist für das Element Feuer auf diesem Planeten zuständig. Bei jedem entfachten Feuer, an dem ihr sitzt und an dessen Wärme und Natürlichkeit ihr euch erfreut, tritt Erzengel Michael in energetischen Kontakt mit euch. Selbst wenn ihr nur eine flackernde Kerzenflamme betrachtet, steht ihr mit diesem Erzengel und seinem Element in Verbindung. Feuer bringt euch Reinigung, Transformation und eine neue, saubere Energie. Erzengel Michael transformiert mit seiner Feuerenergie alles, was auf diesem Planeten keinen Platz mehr hat, auch alles Negative, was nicht zu euch gehört, wie manipulative Programme. Seine Domäne ist es auch, mit seiner feurigen Kraft alles zu transformieren, was nicht im Einklang mit Gerechtigkeit ist. Er steht für die Schwachen ein. Er entfacht eine imaginäre Flamme in Menschen, die sich für neue Projekte oder neue Ideen begeistern. Er verbindet den Planeten Erde mit dem magischen Licht des Universums.

❧ **Erzengel Raphael** ist auf diesem Planeten für das Element Luft zuständig, nicht nur in Form des Windes, der alles Negative von euch forttträgt und eure Systeme reinigt, sondern auch in Form des Sauerstoffs, den er energetisiert, bevor ihr ihn in eure Lungen aufnehmt. Raphael gilt zusammen mit Gabriel und Michael als wichtigster Erzengel, weil er vor allem als Heiler bekannt ist und dabei hilft, den Sauerstoff, den ihr einatmet, in alle noch so kleinen Bereiche eures Körpers zu transportieren. Er arbeitet dabei mit einer Vielzahl von Lichtwesen zusammen, die ebenfalls für das Element Luft zuständig sind. Atmet einmal tief ein und macht euch bewusst, dass sich dieses mächtige Lichtwesen bei jedem Einatmen energetisch bei euch befindet. Schon bei eurer ersten Einatmung, die ihr als Neugeborenes getätigt habt, stand Erzengel Raphael bei euch und verband euch mit dem Element Luft.

Erzengel Metatron ist der Hauptpatron für den Planeten Erde und das höchste zuständige Lichtwesen zur Hilfe und Begleitung der Menschheit in den lichtvollen Dimensionen des Bewusstseins. Die Menschen verehren ihn als Krone der Schöpfung und als Engel des neuen Zeitalters. Er wurde von der göttlichen Intelligenz und dem interplanetarischen Kosmischen Rat auserwählt und handelt nach ihren Weisungen, an die er sich genau hält. Nach Rücksprache mit der göttlichen Intelligenz und dem interplanetarischen Kosmischen Rat bringt er Lichtwesen auf den Planeten, die der Menschheit in verschiedensten Bereichen und Ebenen ihrer Entwicklung helfen. Er wacht über alle Lichtwesen, die sich auf dem Planeten Erde befinden, über die Entwicklung des Planeten Erde und die Entwicklung der Menschheit. Dabei ist er mit allen Dimensionen verbunden. Die Hilfe, die er der Menschheit zukommen lässt, ist ihm nur nach Zustimmung der bereits erwähnten Instanzen erlaubt, denn die göttliche Intelligenz wartet immer einen gewissen Bewusstseinsstand der Menschheit ab und sendet dann Lichtwesen aus, damit sie die menschliche Gemeinschaft oder einzelne Menschen im Hintergrund unterstützen. Er ist auch für die Akasha-Chronik zuständig, in der alle Begebenheiten der Vergangenheit der Menschheit gespeichert sind.

∞

Dank dieser Erzengel und der unendlichen Menge an weiteren Lichtwesen werdet ihr auf eurem irdischen Weg intensiv begleitet. Und dank eurer spirituellen Entwicklung und dank eurer Anbindungen an die kosmische Welt und ihre wunderschönen Farben und Frequenzen werdet ihr jetzt für alle positiven Lichtwesen von Tag zu Tag sichtbarer.

Eure Systeme werden immer lichtvoller in der Frequenz eures Planetensystems schwingen. Und eure lichtvollen Begleiter, die ununterbrochen bei euch sind und über euch wachen, freuen sich über die Farbenpracht eurer Systeme.

Sie lieben jede einzelne Farbe und ihre Eigenschaften.

Sie lieben ihren Ausdruck und sie lieben ihre Fähigkeit, sich auszudehnen und mit der Farbenvielfalt und dem Nuancenreichtum des Kosmos zu verbinden.

Sie lieben Farben, weil Farben für sie ein Ausdruck der göttlichen Unendlichkeit sind.

Eure Schutzengel und Lichtbegleiter sind die Lichtwesen, die euch in eurer persönlichen Realität am nächsten stehen. Sie lieben euch bedingungslos und erinnern euch schon durch ihre bloße Anwesenheit an die Göttlichkeit des Universums.

Im Laufe der Zeit und im Laufe eurer Bewusstseinsentwicklung werdet ihr mit den Farben des Universums verschmelzen. Eure Lichtbegleiter werden euch auf diesem lichtvollen Weg begleiten. Ihr werdet mit dem Sein und dem Geschehen verschmelzen, das dieses grenzenlose und wunderschöne Universum erfüllt.

Sobald das geschieht, werdet ihr feststellen, wie sehr ihr von diesem unendlichen, vielfältigen Geschehen bisher abgeschnitten gewesen seid. Ihr werdet feststellen, wie viel Kraft und wie viel Energie euch genommen worden ist.

Im Laufe der Zeit werdet ihr mit den Dimensionen der höheren Bewusstseinsentwicklung verschmelzen.

Ihr werdet mit ihren Farben, Frequenzen und fernen Welten verschmelzen, die doch nur einen einzigen Schritt weit entfernt sind. Ihr werdet Zugang zu den Lichtwesen erhalten, die sich in diesen Dimensionen aufhalten. Diese Wesen senden schon jetzt ihre lichtvollen Signale in eure Realität aus und laden euch ein, in ihre Dimensionen einzusteigen.

Eure Schutzengel und persönlichen Führer stehen bereits mit ihnen in Kontakt, sie kommunizieren miteinander und verbinden sich über liebevolle Schwingungen mit euch.

Die Lichtwelt und die Lichtwesen der höheren Bewusstseinsdimensionen warten schon darauf, sich mit euch zu verbinden. Sie freuen sich auf euch und sie freuen sich darauf, euch in ihren lichtvollen Räumen willkommen zu heißen.

Seid euch bewusst, dass sie euch alle lieben.

Alle Lichtwesen sehen das reinste Licht in euch und freuen sich darauf, sich mit eurem Licht zu verbinden.

Löst euch von jedem Gedanken, der euch am Aufstieg hindert. Löst euch von Gedanken, die eure Möglichkeiten begrenzen. Lasst Gedanken los, die euch »am Boden« halten und die euch nicht erlauben, frei und unbeschwert zu denken.

Seid gewiss, dass in der Zeit, in die ihr jetzt eingetreten seid, alles möglich ist. Für euch gibt es keine Grenzen und Beschränkungen mehr. Euer Geist hat euch bisher in der Vorstellung gefangen gehalten, dass ein Aufstieg aus den niedrigschwingenden Realitäten nicht möglich ist – das ist vorbei.

Ihr brecht die Strukturen auf.

Öffnet euch für die neuen Möglichkeiten und lasst alles in eurem Leben zu, was euch gestern noch unvorstellbar oder nicht möglich erschien. Das ist vorbei.

Öffnet euch für die Möglichkeit, dass jetzt Phänomene in euer Leben treten, die ihr euch nur Minuten zuvor noch nicht hättet vorstellen können.

Öffnet euch für all diese Möglichkeiten.

Öffnet euch für die Möglichkeit, dass Phänomene in euer Leben treten, für die ihr in eurer Vorstellung bisher nicht einmal ansatzweise Raum hattet. Lasst alle Zweifel gehen, die euch daran hindern, euch für das neue Sein und das neue Leben zu öffnen.

Öffnet euch für die neuen Dimensionen und Räumen, die sich gerade überall auftun und die euch unermesslich viel Glück, Freude und Harmonie bringen.

Ihr seid umgeben von einer unendlichen Menge an Wesen, die euch lieben und die euch begleiten. Und zu diesen Wesen gehören auch wir, eure plejadischen Begleiter.

Wir sind mit euch und begleiten euch.

Orella, Vilalata, Rahul, Milin,
Wahou, Ramuel

Frieden mit euch, Frieden mit uns!

Notizen

Botschaften der Plejader für den Zeitenwechsel

Ihr entfacht euer Seelenlicht und findet zueinander

Sechste Botschaft der Plejader zur Neuen Zeit

---

gechannelt am 16. März 2022

Liebe Lichtbotinnen und liebe Lichtboten!

Ihr befindet euch kurz vor dem Ziel. Die dunklen Wolken ziehen ab und werden schon bald hinter dem Horizont verschwinden.

Trotzdem sind viele Menschen noch voller Unsicherheit darüber, wie sich die ganze Situation weiterentwickeln wird. Viele Menschen haben ihr Gleichgewicht verloren, ihre Kraft und ihr Vertrauen in die positive Zukunft. Deshalb möchten wir euch hier noch einmal ganz klar mitteilen – und wir werden es wieder und wieder tun: Die positive Zukunft hat bereits begonnen – die positive Zukunft in jedem Einzelnen von euch!

Ihr seid schon so weit gekommen und habt große Prüfungen gemeistert. Diejenigen von euch, die diese Lebensprüfungen bestanden haben und weitergehen, sind die, die eine stabile Energie auf diesem Planeten aufrechterhalten. Gebt eure positiven Pläne und Visionen für die kommende Zeit nicht auf. Ihr befindet euch kurz vor dem Ziel. So viele dunkle außerirdische Wesen haben euren Planeten schon endgültig verlassen. Viele dunkle Wesen sind sogar gerne gegangen, weil sie wussten, dass der Aufenthalt auf der Erde ihnen nur noch weitere Probleme bereiten würde. Ganze Kolonien außerirdischer Verbündeter haben euren Planeten verlassen – und dabei haben sie große, ausgedehnte Felder der Zerstörung und dunklen Magie mit sich genommen.

Unfassbares hat sich auch unterirdisch abgespielt, unter euren Füßen, überall auf dem Planeten, doch unzählige dieser Verstecke und Anlagen sind bereits gesäubert worden, und jetzt findet die Regeneration des Inneren statt. Wir haben Geräte in den leeren, verlassenen Gängen und Räumen installiert, die eurem Planeten helfen, sein verwüstetes Inneres zu durchlichten und zu heilen. Diese Geräte erhöhen die Lebensenergie in diesen unterirdischen Räumen, die geradezu vollgesogen waren mit der grauenerregenden Energie vergangener Zeiten und ihrer Geschehnisse.

Gemeinsam mit unseren friedliebenden außerirdischen Kameraden haben wir in den Dimensionen des Erdinneren Vorrichtungen installiert, welche die angesammelten Emotionen des Grauens, der Angst und des Wahnsinns in andere Dimensionen ableiten, in denen sie in Lichtenergie umgewandelt werden.

Dennoch kann es vorkommen, dass Bewohner dieses Planeten, die ähnliche, noch nicht verarbeitete Emotionen in sich tragen, mit den Energien, die sich gerade im tiefsten Inneren des Planeten lösen, in Resonanz gehen und sie in ihrem eigenen System von Seele, Geist oder Körper spüren. Durchlichtet euch in diesem Fall. Geht vertrauensvoll in euer Herz und bindet euch an die Quelle, an eure geistigen Führer oder uns Plejader an.

Die Regenerationsphase des Erdinneren hat bereits begonnen, und nach dem Abschluss dieser Phase werden wir unsere Technologien auf die Oberfläche der Erdkugel verlagern. Wir werden dann dort an der Reinigung von Feldern negativer Emotionen und Emotionen der Manipulation arbeiten, die von den dunklen Wesen und Mächten hervorgerufen wurden. Wir werden auch diese Felder durchlichten und unschädlich machen.

Durch diese Reinigung wird schon jetzt vielen Bewohnern dabei geholfen, sich besser und leichter von den negativen Feldern der Manipulation und Angst abzutrennen. Das Positive sowie eine positive Stimmung werden sich dann noch rascher und leichter verbreiten. Viele Bewohner werden neue Kraft und Hoffnung erhalten und mit neuer Stärke weitergehen. Wir wissen das, denn wir haben bereits damit begonnen. Und viele Bewohner, die sich noch dafür entscheiden, sich von den manipulativen Energien zu befreien, werden nun die Möglichkeit dazu haben. Die Energiefelder auf diesem Planeten werden wieder klarer. Die Energiefelder der Menschen werden zunehmend durchlichtet.

Seid euch jedoch bewusst: Viele menschliche Wesen haben mit außerirdischen dunklen Wesen zusammengearbeitet. Es wird daher noch eine gewisse Zeit dauern, bis die alten Systeme der Manipulation und des Bösen auf diesem Planeten sichtbar aufbrechen. Aber die veralteten Systeme werden zusammenfallen, und es werden neue Systeme auf der Basis eures höheren Bewusstseins entstehen.

Es ist wichtig, dass ihr wisst, dass wir euch begleiten. Es ist wichtig, dass ihr wisst, dass wir uns mit allen Kräften um einen fließenden Übergang in die neuen Systeme bemühen. Geht tief ins Vertrauen. Vertraut euch selbst. Für euch ist in dieser Zeit Flexibilität notwendig – Flexibilität in eurem Handeln und Denken. Und ihr dürft euch dabei vor Augen halten, dass eine riesige Menge an Wesen – sowohl physische als auch lichtvolle – euch in dieser Zeit ununterbrochen helfen und euch auf eurem Weg begleiten.

Macht euch bewusst, dass die Besetzung durch dunkle außerirdische Wesen mehrere tausend Jahre angedauert hat. Eine ganzheitliche Erneuerung kann nicht innerhalb weniger Monate stattfinden. Verliert nicht eure Geduld. Ihr seid nicht allein. Verbindet euch mit eurem Inneren. Dadurch werdet ihr stärker.

Und verbindet euch mit anderen Lichtboten und Lichtarbeitern – zum Beispiel an jedem Montag von 21 Uhr bis 21:20 zu unserer gemeinsamen Meditation. Das stärkt euch alle. Es stärkt eure Systeme, und es stärkt Mutter Erde.

Am Ende des Jahres 2021 geschah etwas Wundervolles, wovon ihr wissen solltet. Die göttliche Intelligenz hat die außerirdischen friedliebenden Seelenanteile in jenen Menschen aktiviert, die von anderen Welten auf die Erde gekommen sind. Wenn du dies hier liest, gehörst auch du zu diesen Menschen. Sonst würdest du dich nicht von diesen Informationen angezogen fühlen.

Die Aktivierung der Seelenanteile ruft die Erinnerung an eure lichtvolle Aufgabe in euch wach. Sie erweckt das Seelenlicht in euch. Auch du gehörst zu jenen, die das Seelenlicht in all ihren Systemen entfachen und an ihre Umgebung weitergeben. Es wird euch gegenseitig anziehen. Ihr findet dann leichter zueinander. Ihr erschafft ein Lichtnetz, das den gesamten Planeten umspannt, und erhöht so die Schwingung der gesamten Menschheitsenergie. Ihr erhöht die Schwingung dieses Planeten durch Lichtenergie, die ihr von eurem Heimatplaneten mitgebracht habt.

Jeder von euch ist wichtig. Jeder Einzelne von euch. Durchlichtet euch selbst. Gebt eure negativen Programme bewusst ab und lasst euer Licht erstrahlen. Es hilft nicht nur euch, sondern der gesamten Gesellschaft. Ihr seid alle miteinander verbunden. Jeder beeinflusst jeden. Entscheidet euch für eure Befreiung und Heilung.

Die Befreiung und Heilung beginnt in jedem von euch.

Wir sind mit euch und begleiten euch!
Eure plejadischen Begleiter

Von Pavlina selbst eingesprochene Videofassung:
https://youtu.be/Xrxcj3IjaKA (vollständiger Text)

Erhöht jetzt die Lichtschwingung eures Körpers

Siebte Botschaft der Plejader zur Neuen Zeit

gechannelt am 12. Mai 2022

Liebe Lichtbotinnen und Lichtboten!

wir möchten euch wieder ein paar Informationen zu den energetischen Prozessen übergeben, die gerade auf dem Planeten Erde ablaufen. Diese energetischen Prozesse haben einen großen Einfluss auf die ganze menschliche Gemeinschaft und natürlich auch auf jeden Einzelnen von euch.

Der neue, verstärkte Zufluss der kosmischen Christusenergie, der in den Apriltagen stattgefunden hat, bringt eine weitere große Welle der Reinigung verschiedenster Systeme der menschlichen Gemeinschaft mit sich. Viele Systeme, die nicht auf der Reinheit der Gedanken und auf der Reinheit ihrer tragenden Energie aufgebaut sind, werden sich nicht aufrechterhalten lassen. Auch finanzielle Systeme, die nicht auf Reinheit gründen, beginnen langsam aber sicher auseinanderzufallen.

Unzählige Prozesse auf diesem Planeten, welche die Systeme der menschlichen Gemeinschaft betreffen, laufen bereits gewissermaßen neben oder außerhalb von euch im Hintergrund ab. Dort im Hintergrund stehen schon Menschen und Wesen bereit, die die Aufgabe haben, Systeme in reiner Energie und Systeme ohne Manipulation aufzubauen. Viele Menschen und Wesen haben längst neue, reine Systeme im Hintergund aufgebaut und warten nur auf den richtigen Augenblick, um sie umzusetzen.

Der anhaltende Zustrom kosmischer Energie wird zur Folge haben, dass zwischenmenschliche Beziehungen auf den Prüfstand gestellt und sichtbar gemacht werden. Es wird noch klarer zu erkennen sein, wer reinen Herzens ist und wer sich noch auf dem Weg der Reinigung befindet. Es wird erkennbar sein, wer die göttliche Wahrheit bereits in sein Herz hat eintreten lassen. Es wird erkennbar sein, wer die göttliche Wahrheit und die reinste göttliche Energie und Liebe wahrhaftig fühlt und lebt.

Diejenigen, die die göttliche Reinheit und Liebe in sich tragen, werden von den reinsten göttlichen Frequenzen geschützt. Das menschliche Herz ist der Schlüssel dazu, die göttliche Wahrheit und Reinheit aufzunehmen und weiterzugeben.

Die Christusenergie, die sich auf dem Planeten Erde mehr als je zuvor ausgedehnt hat, reinigt verstärkt die menschliche Materie und bereitet sie auf den Einstieg in neue Dimensionen vor, die von der göttlichen Intelligenz bereits für euch vorbereitet worden sind. Der Einstieg in neue Dimensionen wird durch eine Verschiebung von Raum und Zeit erfolgen. Es genügt eine winzige Verschiebung von Raum und Zeit – und schon findet ihr euch in 5D wieder. Menschen, die sich für den Einstieg in neue Dimensionen entscheiden, durchlaufen eine absolute Reinigung der körperlichen Materie, damit ihr System das hochschwingende Licht der höheren Dimensionen ertragen kann.

Eure Anbindung an die reinsten Frequenzen des Christuslichts und der Christusenergie hilft euch, die restlichen Negativitäten eurer menschlichen Systeme abzugeben und euren Körper so zu reinigen, dass er in der Lage ist, ohne Probleme in die neuen Räume überzugehen. Euer reines Herz ist der Schlüssel für den Einstieg in die neuen, reinen Räume.

Auch eure Sinne entwickeln sich dank der lichtvollen, hochschwingenden Christusenergie immer mehr hin zu ihrer Feinstofflichkeit und kehren zu ihrer ureigenen Natürlichkeit zurück. Euer Hellsehen, Hellhören und Hellfühlen nehmen dank der kosmischen Christusenergie ihre ursprüngliche Funktion in höchstem Maße wieder auf.

Sicherlich bemerkt ihr in dieser Zeit die unterschiedlichsten Veränderungen an eurem Körper und stellt fest, dass auch eure Wahrnehmung sich verändert.

Ihr beobachtet, dass ihr mehr Schlaf oder im Gegenteil weniger Schlaf als früher benötigt.

Ihr beobachtet, dass ihr manchmal müder seid und manchmal einen großen Energieschwall in euch spürt.

Ihr beobachtet vielleicht auch, dass euer Körper seine Masse verändert und dass euer Gewicht von Tag zu Tag wechselt. Euer Körper braucht momentan ein bestimmtes Gewicht – mal mehr, mal weniger –, um erfolgreich und ohne energetische Verluste einkodierte Negativitäten abgeben zu können.

Ihr beobachtet, dass euer Körper nach Nahrung verlangt, die ihn lichtvoll schwingen lässt. Er verlangt nach leichter, frischer und gesegneter Nahrung. Deshalb segnet eure Nahrung. Segnung erhöht die Schwingung eurer Nahrung.

Ihr beobachtet, dass es euch immer leichter fällt, mit eurem Körper zu kommunizieren, und ihr findet immer mehr heraus, dass euer Körper euch versteht. Euer Körper hat seine ganz eigene Energie und ist an die reinsten göttlichen Gesetze und an die göttliche Ordnung angebunden. Daher sendet er euch in dieser Zeit verstärkt Signale und Informationen, die eure Seele und euer Geist – euer Verstand – gut verstehen können.

Ihr beobachtet, dass die gemeinsame Kommunikation zwischen Körper, Seele und Geist unverzichtbar ist, damit der Ausstieg aus der 3D-Realität erfolgreich verwirklicht werden kann.

Euer Körper möchte gemeinsam mit eurer Seele und eurem Geist in höhere Räume aufsteigen und übergibt euch deshalb immer wieder dafür notwendige Informationen. Lernt, auf ihn zu hören. Gönnt ihm Ruhe und segnet ihn. Und die kosmische Christusenergie, die euer System durchdringt, verhilft euch zu eurer seelisch, geistig und körperlich reinsten Schwingung.

Wenn du möchtest, kannst du die nachstehende Affirmation zur Anhebung der Lichtschwingung deines Körpers nutzen. Sie ist positiv lichtvoll programmiert, und jedes einzelne Wort ist an das Feld des höheren Bewusstseins angebunden.

Affirmation für die Anhebung der Lichtschwingung deines Körpers

Und so lautet die Affirmation …

»Ich trete jetzt und in diesem Raum mit der Intelligenz meines Körpers in Kontakt.

Ich trete jetzt und in diesem Raum mit der Energie und Reinheit der kosmischen Christusliebe in Kontakt.

Ich bitte meinen geliebten Körper im Hier und Jetzt, die kosmische Christusliebe, Christusenergie und Christusreinheit aufzunehmen.

Die kosmische Christusliebe, Christusenergie und Christusreinheit fließt in jede Zelle meines Körpers.

Im Hier und Jetzt aktiviert jede Zelle meines geliebten Körpers ihre innere Kristallsonne.

Mein Körper und alle seine Systeme sind absolut an die reinsten Frequenzen und an die reinste Ordnung der göttlichen Quelle angebunden.

Ich segne meinen Körper.

Ich segne mich auf allen Ebenen meines Seins.

Ich segne meine Existenz.

Danke, danke, danke.«

Wir danken euch allen für eure wertvolle und hilfreiche Energiearbeit. Wir danken euch für eure Existenz hier auf diesem Planeten. Ihr seid auf einem guten Weg.

Wir sind mit euch und begleiten euch!
Eure plejadischen Begleiter

Von Pavlina selbst eingesprochene Videofassung:
https://youtu.be/0xgyo2YzZB8 (vollständiger Text)

Ihr lernt gerade, wie sich bedingungslose Liebe anfühlt

Achte Botschaft der Plejader zur Neuen Zeit

---

gechannelt am 9. August 2022

Liebe Lichtbotinnen und Lichtboten!

Wir grüßen euch wieder aus unseren Höhen und aus unseren Dimensionen. Wir überbringen euch Worte und Frequenzen des Trosts, der Dankbarkeit, der Liebe und Ausdauer für diese bedeutendste Epoche aller Zeiten der Menschheit.

Jedes unserer Worte, das euch die Schwingung und Frequenz unserer lichtvollen Bewusstseinsdimensionen fühlen lässt, bringt euch eine Lichtwelle, die euren Organismus, eure Seele und euren Geist durchleuchtet. Jeder Kontakt, der zwischen uns stattfindet, lässt mindestens für die Dauer dieses Kontakts euer Herz und euer Bewusstsein erstrahlen.

Jeder Kontakt, der bisher zwischen uns stattfand, egal ob durch Worte oder energetisch, hat euch mit unseren lichtvollen, liebevollen Dimensionen und mit unseren Schwingungen der Liebe verbunden. Jeder Kontakt, der zwischen uns stattfand, hat dadurch eure Lichtschwingung erhöht sowie die Frequenz der Freude und des Glücks in euren Zellen.

Freude und Glück sind die göttliche Essenz eurer Zellen.

Bei jeder Begegnung, die zwischen uns stattfand, brachten wir euch eine Welle der höheren Bewusstseinsdimensionen, damit sich eure Seele an ihre Größe und an ihr Licht erinnert. Bei jeder Begegnung erinnerte sich eure Seele mehr an ihre göttliche Schwingung, Farbe, Liebe und an ihren Ursprung. Bei jeder Begegnung keimte die Saat des Lichts, der Hoffnung und der Freude über die neue, goldene Zukunft stärker in euren Herzen auf.

All unsere Begegnungen, unsere gemeinsamen Kontakte, haben dazu geführt, dass viele von euch sich erinnert haben und durch die Erinnerung die dunklen Schleier losgeworden sind, die ihre weitere spirituelle Entwicklung behinderten.

Jeder von euch geht gerade durch eine bedeutende Zeit, durch eine bedeutende Inkarnation und durch eine bedeutende Entwicklung. Jeder Einzelne von euch. Jeder!

Auch wenn vielen von euch ihre persönlichen Schritte und die Schritte der menschlichen Gemeinschaft verschwindend gering vorkommen, möglicherweise klein und unbedeutend, so dass sie kaum voranzukommen glauben, geht ihr eure persönlichen Schritte und die Schritte als menschliche Gemeinschaft doch alle mit einer enorm hohen Geschwindigkeit.

Wir wissen, dass euch aus eurer Sicht diese Entwicklung sehr langsam vorkommt. Doch das liegt nur daran, dass ihr immer noch durch die Größe namens Zeit gebunden seid.

Aus unserer Sicht erkennen wir deutlich, dass eure persönliche Entwicklung und die Entwicklung der Menschheit als Ganzes unglaublich schnell verläuft!

Innerhalb von nur zwei Jahren haben sich in dieser aufregenden Schlüsselzeit Millionen von Menschen an ihr Seelenlicht erinnert – Millionen von Menschen, die bis dahin über ihr Seelenlicht und über ihren göttlichen Ursprung nicht ein einziges Mal nachgedacht hatten. Diese besondere Zeit hat die Erinnerung in ihnen wachgerufen, worin die Wahrheit besteht, und das Wissen darum, was und wer von lichtvollen Frequenzen erfüllt ist.

Öffnet eure Herzen noch weiter, denn mit geöffnetem Herzen erkennt ihr die Menschen und Wesen, die in der gleichen Lichtfrequenz schwingen wie ihr.

Ihr *spürt* dann: Ihr seid nicht allein.

Ihr seid bereits sehr viele!

Wir dürfen es euch bestätigen. Aus unserer Sicht seid ihr wie aufleuchtende Sterne, die sich für eine lichtvolle Existenz auf diesem Planeten entschieden haben.

Ihr seid Lichter des Universums.

Ihr seid Sternensaaten!

Bleibt im Vertrauen und denkt daran, dass ihr schon sehr viele seid. Denkt daran in jedem Augenblick, in dem ihr das Gefühl habt, dass euer Handeln keine angemessenen Ergebnisse bringt. Es ist eine Tatsache: *Ihr seid sehr viele!*

Noch immer überlappen sich die dritte und die fünfte Bewusstseinsdimension. Ihr merkt es daran, dass ihr manchmal das Gefühl für die irdische Zeit verliert. Oft könnt ihr beobachten, dass sich die Zeit zu beschleunigen oder zu verlangsamen scheint. Wenn ihr das Geschehen um euch herum betrachtet, erscheint es euch hin und wieder unwirklich. Ihr habt dann das Gefühl, als gehörtet ihr nicht dazu, als wärt ihr nur Zuschauer.

Ihr bewegt euch in diesen Momenten praktisch an der Grenze zwischen 3D und 5D. Ihr steht dann mitten auf der Schnittstelle und nehmt beide Dimensionen oder Realitäten in schnellem Wechsel wahr. Dadurch zeigen sich euch diese Realitäten deutlicher als früher. So lernt ihr wahrzunehmen, wie sich die unterschiedlichen Realitäten anfühlen.

Ihr erlernt wieder die feinstoffliche Wahrnehmung, die ihr in vergangenen Zeiten größtenteils verloren habt.

Eure Wahrnehmung erhöht sich. Ihr merkt es auch daran, dass sich euch oft Funken oder Lichtblitze zeigen. Das sind die Lichter eurer Lichtwesen, die euch das Licht ihrer Heimatdimensionen bringen und euch so ihre Anwesenheit mitteilen.

Jetzt fühlt ihr deutlicher als früher, wie sich wahre Liebe, bedingungslose Liebe anfühlt, wie sich Liebe zwischen Menschen anfühlt und Liebe, die aus der Lichtwelt zu euch strömt. All das zeigt, dass ihr feinstofflicher werdet, es macht euch zu wahren menschlichen Wesen – zu Wesen der Liebe und Freude, zu Wesen der fünften Dimension.

Und gleichzeitig entstehen im Hintergrund neue Systeme auf eurer Welt. Es finden sich Menschengruppen zusammen, die bereit sind, Innovationen für die neue menschliche Gemeinschaft zu schaffen. Viele sind schon an die Öffentlichkeit getreten und weisen der menschlichen Gemeinschaft Schritt für Schritt den Weg in die richtige Richtung.

Orientiert euch daran, was essenziell für euch ist.

Jeder Einzelne von euch: Orientiert euch daran, was wahr ist, was göttlich ist, und daran, was euch menschlich macht – zu neuen, erwachten Menschen der neuen Welt.

Und jetzt möchten wir euch eine Affirmation überbringen, von uns positiv programmiert, die euch auf diesem Weg unterstützt. Sie verbindet jeden von euch mit seiner göttlichen Essenz. Sie bindet jeden von euch an alles Göttliche an, das er in sich trägt und das sich um ihn herum befindet.

Affirmation zur Anbindung an das Göttliche

Sprich dazu laut die folgenden Worte …

»Mein Herz ist erfüllt von göttlicher Liebe.
Mein Herz ist erfüllt von göttlichem Licht.
Mein Herz ist erfüllt von göttlicher Wahrheit.
Mein Herz ist erfüllt von göttlicher Freiheit.
Ich bin ein Kind des Universums.
Ich bin ein Kind des Lichts.
Ich bin ein Kind der Liebe.
Ich bin reinste göttliche Essenz.«

Und jetzt sprichst du drei Mal hintereinander deinen Vornamen laut aus. Dein Name verbindet dich mit deiner umfassenden Energie und vollen Kraft, die du für diese Inkarnation aus der göttlichen Quelle mitgebracht hast.

Wir sind mit euch und begleiten euch!
Eure plejadischen Begleiter

Von Pavlina selbst eingesprochene Videofassung:
https://youtu.be/q-eyL92iVSQ (vollständiger Text)

Diese Zeit ist für jeden von euch einzigartig und evolutionär

Neunte Botschaft der Plejader zur Neuen Zeit

gechannelt am 10. November 2022

Liebe Lichtbotinnen und Lichtboten!

Wir grüßen euch aus unseren lichtvollen Ebenen und überbringen euch neue erfreuliche Informationen zur planetarischen Entwicklung, auf die ihr schon lange gewartet habt.

Diese Zeit ist für jeden von euch einzigartig und evolutionär.

Momentan geschieht eine verstärkte Aktivierung der menschlichen DNA-Stränge.

Die Strahlen der Sonne aktivieren eure DNA mit ihrer Kristallenergie und bereiten euch so auf die Ankunft friedliebender Sternenvölker und Gemeinschaften vor, die sich ihrerseits schon lange auf ihre Ankunft auf diesem Planeten vorbereiten. Auch Zivilisationen und Gemeinschaften, die sich im Inneren der Erde befinden, bereiten sich auf die Ankunft dieser Sternenvölker vor. Ihr alle habt bereits so lange darauf gewartet.

Mit der Ankunft dieser Zivilisationen erhöhen sich die Wahrnehmung und das Bewusstsein des menschlichen Wesens. Darauf werdet ihr jetzt verstärkt vorbereitet, und die kosmischen Frequenzen helfen euch dabei. Die menschliche DNA verändert dazu ihre Struktur und wird kristallin. Gleichzeitig dehnt sich die menschliche Seele lichtvoll aus und verbindet sich mit ebenso lichtvollen Welten und Räumen, die von den göttlichen Informationen des Kosmos erfüllt sind.

Auch die Zivilisationen und Gemeinschaften im Inneren der Erde verbinden sich frequenzmäßig mit der menschlichen Zivilisation und senden Signale über ihre Existenz. Das menschliche Wesen empfängt diese Informationen und nimmt sie als stärkende Frequenzen voller Vertrauen in die kommende Zeit wahr.

Diese Zivilisationen befinden sich schon seit Jahrtausenden im Inneren der Erde und bereiten sich jetzt darauf vor, zur rechten Zeit an die Oberfläche zu treten und ihr Bewusstsein und ihre Informationen mit euch Menschen zu verbinden.

Aber nicht nur Zivilisationen und Gemeinschaften gibt es im Erdinneren. Es gibt dort ebenso Lichtwesen, die für die menschliche Gemeinschaft zuständig sind.

Sie tauschen Informationen mit den Wesenheiten des Kosmos aus – darüber, wie sie der Menschheit und ihrer Entwicklung am besten helfen können.

Das menschliche Wesen fühlt, dass die Lichtwesen mehr denn je präsent sind.

Das menschliche Wesen fühlt, dass die Lichtwesen es voll unterstützen und führen.

Das menschliche Wesen fühlt, dass die Frequenz des Vertrauens, die ununterbrochen zu ihm fließt, ihm beim Übergang in den positiven Zeitraum hilft.

Das menschliche Wesen fühlt, dass es von einer unendlichen Anzahl von Lichtwesen, von seinen Ahnen und von seiner kosmischen Familie unterstützt wird.

Das menschliche Wesen beginnt nach Tausenden von Jahren der Manipulation Verbundenheit mit der umgebenden Welt dieser Galaxis zu spüren.

Es spürt Verbundenheit mit anderen Menschen guten Willens und mit anderen Wesen aus lichtvollen Sphären.

Das menschliche Wesen fühlt, dass die positive Kraft des Kollektivs einen positiven Fortschritt und eine positive Entwicklung für die Gesamtsituation der Menschheit mit sich bringt.

Die tragende Kraft der positiven Zeitlinie der Menschheit erhöht sich fortwährend. Immer mehr Menschen steigen in diese positive Zeitlinie ein.

Es sind dies Menschen, die sich an ihre Essenz erinnert und entschieden haben, ein für alle Mal die künstlich geschaffene Zeitachse der negativen Vergangenheit zu verlassen.

Ein Mensch nach dem anderen steigt aus dem negativen, niedrigschwingenden Zeitraum aus und steigt auf die Linie der lichtvollen Achse um.

Und jeden Tag entwickeln die Menschen sich bewusstseinsmäßig weiter. Sie entwickeln sich mit einer erstaunlichen Geschwindigkeit. Der menschliche Geist befreit sich vom Raum der künstlich erschaffenen Realität.

Alles verläuft mit atemberaubender Geschwindigkeit, und eine nie dagewesene Menge von Menschen erinnert sich. Die Menschen erinnern sich – und der Kosmische Rat freut sich über diese Entwicklung.

Denn der menschlichen Gemeinschaft wurde im Hintergrund zwar von den friedliebenden Sternenvölkern und Lichtwesen geholfen, doch die Schritte zur Befreiung des eigenen Geistes und die Schritte zur Befreiung der eigenen Emotionen muss jeder Mensch selbst und ohne fremde Hilfe tun.

Die Lichtwesen aus dem Kosmos und aus dem Erdinneren erinnern jeden Einzelnen an seinen lichtvollen, göttlichen Ursprung. Sie tun dies unablässig. Sie helfen jedem einzelnen Menschen, sich aus eigenem Willen und aus eigener Kraft von den niedrigschwingenden Ebenen zu befreien.

Wir sind sehr dankbar dafür, dass eine so riesige Menge von Menschen sich aus der künstlich erzeugten Matrix befreit und ihr Bewusstsein sich mit den Räumen des höheren Bewusstseins verbindet. Damit verbreitet sich die Intelligenz des höheren Bewusstseins in den Räumen und Zeiten des Planeten Erde.

Alles verläuft nach dem Plan des Kosmischen Rats. Alles verläuft sogar schneller, als wir, die Plejader, es erwartet hatten. Menschen, die ihr Bewusstsein bereits entwickelt haben, spüren, wie wahr unsere Worte sind. Diese Menschen spüren, dass eine gewaltige, bisher unsichtbare Kraft sie führt und ihnen Unterstützung und Energie für ihr Handeln und für ihre Befreiung gibt.

Diese Menschen wissen, dass sie eine klare Bestätigung dafür erhalten, dass ihr Weg richtig ist, wenn sie sich mit ihrem Herzen verbinden.

Wir sind dankbar für jeden Einzelnen von euch.

Wir sind dankbar für euer Licht, das ihr in euch tragt.

Wir sind dankbar dafür, dass ihr mit eurem Licht eure eigene Existenz auf dieser Erde und die Existenz des gesamten Planeten Erde befreit.

Wir danken euch für eure Liebe.

Frieden mit euch, Frieden mit uns!
Eure plejadischen Begleiter

Von Pavlina selbst eingesprochene Videofassung:
https://youtu.be/iB_a-_TKhik (vollständiger Text)

Notizen

Anhang

Botschaft für das Friedensfestival von Alicia Kusumitra im Juni 2022

Liebe Lichtbotinnen und Lichtboten!

Wir grüßen euch aus den Sternenhöhen und dürfen euch Freude, Mut und Zuversicht bringen.

Wir sind mit euren Lichtwesen verbunden, mit euren Liebsten im menschlichen Himmel und mit euren Vorfahren. Wir sind verbunden mit euren kosmischen Familien, die über euch wachen und euch ununterbrochen die Frequenz und Schwingung des Heimatplaneten, von dem ihr gekommen seid, zukommen lassen. Mit allen euren lichtvollen Helfern sind wir verbunden.

In eurer jetzigen Inkarnation befindet ihr euch auf dem Planeten Erde, diesem wunderschönen Blauen Planeten. Ihr habt euch entschieden, auf diesem Planeten zu inkarnieren, und ihr habt euch entschieden, ihm bei seinem Aufstieg zu helfen und gleichzeitig den Aufstieg der Menschheit zu unterstützen.

Für diese Aufgabe habt ihr euch in den kosmischen Höhen entschieden. Ihr seid edle und liebevolle Wesen. Eure Lichtbegleiter senden euch für euren Entschluss, dem Planeten und der Menschheit zu helfen, ihre Liebe und ihren Dank.

Ihr gehört zur Sternensaat, die auf diesem Planeten das Licht ihres Herzens und die Liebe ihrer Seele ausbreitet. Ihr durchleuchtet mit eurer Anwesenheit hier auf der Erde eure Familien, eure Freunde und eure Umgebung.

Jeder von euch ist wichtig. Jeder Einzelne von euch.

Auch wenn es euch vielleicht so vorkommt, als wäre eure Hilfe für diese Welt unerheblich – so ist es nicht.

Euer Licht und eure Liebe dehnen sich aus, vervielfachen sich und verbinden sich mit dem Licht und der Liebe von weiteren Menschen guten Willens.

Eure Hilfe für diesen Planeten ist unverzichtbar und wichtig. Jeden Tag durchleuchtet ihr mit eurem persönlichen Licht das kollektive Feld der Menschheit und erhöht damit sein kollektives Bewusstsein. Die Energie des Lichts und der Liebe auf diesem Planeten ist physisch messbar, und der Kosmische Rat misst das energetische Feld, das durch das Wirken menschlicher Wesen guten Willens euren Planeten umgibt.

Diese Welt benötigt noch eine gewisse Menge eures Lichts und eurer Liebe, damit der physische Wert des kollektiven Felds unveränderlich bleibt und sich mit den höheren Lichtebenen und den Lichtwesen verbinden kann.

Ihr seid auf einem guten Weg.

Bleibt in eurem guten Willen.

Bleibt im Licht eures Herzens.

Ihr seid die Sternensaat, die eine neue Chronik der Menschheit auf diesem Planeten schreibt. Eine neue, wahre, wirkliche und unverfälschte Chronik.

Dank eurer Arbeit bringt ihr Licht für euer persönliches Leben hier auf diesem Planeten und für das Leben eurer Kinder und der weiteren zukünftigen Kinder, die sich bereits auf ihre Inkarnation auf diesem Planeten vorbereiten.

Wenn ihr irgendwann stehen bleibt und auf das zurückblickt, was ihr für diese Welt getan habt, werdet ihr mit Flug und Recht sagen können, dass euer Handeln eine Veränderung zum Positiven gebracht hat.

Bleibt auf eurem Weg, bleibt in eurem Vertrauen.

Euer Herzenslicht wird euch weiterhin mit uns und mit anderen Wesen des Lichts verbinden. Wir sind verbunden, wir sind eins.

Wir segnen eure Existenz.

Wir segnen euer Leben und Sein auf diesem Planeten.

Frieden mit euch, Frieden mit uns!
Eure plejadischen Begleiter

Botschaft der plejadischen Wesen zum Jahr der Manifestation

Liebe Lichtarbeiterinnen, liebe Lichtarbeiter!

Das neue Jahr ist auf dem Planeten Erde angebrochen, und viele von euch fragen sich, wie dieses neue Jahr, das euch erwartet, wohl werden wird. Wie es werden wird und ob es so turbulent ausfallen wird, wie die letzten Monate es waren.

Wir sehen die Zeitabschnitte nicht so wie ihr und zählen sie nicht in Jahren. Wir nehmen die Zeit als *energetische* Abschnitte wahr. Wir nehmen ihre Energie wahr, ihre Frequenz und Farbe, ihre Schwingung und die Schwingungsrate dieser Frequenzen. Wir nehmen die Schwingungsenergie der magnetischen Felder der Erde wahr. An der Erdoberfläche und im Inneren eurer Erde.

Aber natürlich wissen wir, dass euch die Zeit in Jahren, Monaten, Wochen und Tagen gegeben ist. So wurde es von erdfremden, nicht wohlwollend denkenden Wesen bei euch eingeführt, und danach richtet sich die menschliche Gemeinschaft nach wie vor, solange, bis ihr in höhere Bewusstseinsräume aufsteigen werdet.

Daher möchten wir euch nun die Zeit, die für euch das Jahr 2023 ist, in mehrere energetische Abschnitte unterteilt beschreiben: Im ersten Abschnitt des neuen Jahres wird die Erdoberfläche ihre Schwingung erhöhen. Im folgenden Abschnitt wird das Erdinnere seine Schwingung anheben. Und im dritten energetischen Abschnitt kommt es dann zu großen Transformationsprozessen, auf die sich die Menschen guten Willens schon lange gefreut und auf die sie schon lange gewartet haben.

Es wird zu Veränderungen kommen, die die Menschen und Völker zu einer geschlossenen Gemeinschaft zusammenführen. Es wird auch Menschen und Völker geben, die sich von dieser Gemeinschaft wieder trennen und Bündnisse eingehen, die kein Interesse daran haben, sich allgemein betrachtet und bewusstseinsmäßig weiterzuentwickeln. Dies wird gewissermaßen die erste merkliche Trennung innerhalb der physischen Welten sein. Im Laufe der Zeit – doch das wird noch einige eurer Jahre dauern – werden sich die Welten dieser Gemeinschaften auch feinstofflich separieren. Das gilt ebenso für politische und wirtschaftliche Organisationen, die bisher eine große Bedeutung hatten.

Den gesamten Zeitabschnitt, den ihr als euer Jahr 2023 betrachtet, nennen wir das »Jahr der Manifestation« – der Manifestation eurer Gedanken, der Manifestation von Projekten, an denen ihr vielleicht schon lange gearbeitet habt. Engel und Lichtwesen wurden zum Zwecke der Manifestation auf die Erde geschickt, um den Menschen dabei zu helfen, ihre Gedanken gezielt einzusetzen, damit sie bis zum erträumten Ziel gelangen.

Eure Gedanken werden sichtbarer werden als je zuvor. Es wird sichtbar werden, wer niedrigschwingende Gedanken in sich trägt und wer hochschwingende, farbige Gedanken in sich trägt. Hochschwingende Gedanken werden schneller werden und sich in »Lichtgeschwindigkeit« mit den Welten und Gedanken anderer Menschen verbinden, die in derselben Frequenz schwingen. Die Gedanken dieser Menschen treten dadurch in Resonanz und ziehen die Menschen zueinander. So erhalten sie die Möglichkeit, sich zu finden und gemeinsam neue Systeme und neue Strukturen oder Projekte zu erschaffen.

Naturgemäß werden sich die Menschen in der nächsten Zeit immer stärker gegenseitig anziehen – jene Menschen, die gleich schwingen. Und naturgemäß werden diese Menschen deshalb in den kommenden Monaten des neuen Jahres fühlen, wer wirklich zusammengehört und wer eher nicht, wer sich durch die zwischenmenschliche Beziehung gegenseitig stärkt und wer einander eher schadet. Viele Partner werden intuitiv und ganz unwillkürlich spüren, ob ihre Beziehung wahrhaftig ist oder künstlich aufrechterhalten wird und eigentlich nur aufgrund des Alltagstrotts und der Gewohnheit noch Bestand hat.

Das neue Jahr wird euch auch neue, wunderschön farbenfrohe Frequenzen bringen. An eurem Himmel werden herrliche Lichter erscheinen. Er wird die Schönheit eurer Galaxis und die Schönheit des Weltalls widerspiegeln. Eure Erde wird mehr und mehr mit den Planeten eures Sonnensystems kommunizieren. Informationen für eure Heilung und für die Regeneration eurer DNA werden noch intensiver von der Sonne zu euch strömen.

An eurem Himmel werden Formationen auftauchen, die ihr als bewusste Menschen sicher gleich erkennt. Ihr werdet erkennen, dass diese Formationen nicht von eurer Erde kommen. Ihr werdet erkennen, dass die friedliebenden Sternenvölker und ihre Raumschiffe euch immer deutlicher begleiten und schrittweise auf ihre offizielle Ankunft vorbereiten.

Häufig werdet ihr Raumschiffe in ihrer feinstofflichen Form beobachten können. Die feinstoffliche Form gibt ihnen die Möglichkeit, mit Hilfe von lichtvollen, feinstofflichen Portalen zu euch zu reisen. Durch ihre feinstoffliche Form werden die ersten energetischen Abdrücke für die physische Ankunft der Raumschiffe geschaffen. Diese energetischen Abdrücke dienen der ersten Kommunikation mit der menschlichen Gemeinschaft.

Viele physische Raumschiffe befinden sich bereits um euren Planeten herum. Ihr ahnt nicht, wie viele es sind. Aber sie befinden sich noch in zwischendimensionalen Räumen, für den menschlichen Sehsinn unzugänglich.

Und während der Zeitabschnitt des neuen Jahres voller Veränderungen sein wird, werdet ihr bei euch persönlich in den verschiedensten Lebensbereichen zahlreiche Erkenntnisse haben. Es wird zu Selbsterkenntnissen kommen, zur Entdeckung der eigenen Kraft und der Kraft der Gedanken, zum Kennenlernen der positiven Kraft des Kollektivs und zur Verbundenheit zwischen Menschen guten Willens.

Mehr denn je geht die menschliche Gemeinschaft Schritt für Schritt in ihrer Entwicklung voran.

Sie hat inzwischen ein rekordhaftes Tempo angenommen.

Lebenssituationen und Erlebnisse werden, so scheint es, unkontrollierbar schnell ablaufen, und dennoch wird alles auf eine abgerundete Form zustreben.

Selbst wenn ihr diese neue abgerundete Form aus eurer Perspektive noch nicht sehen könnt, wir erkennen sie schon sehr gut. Wir nehmen wahr, wie die farbige Frequenz der menschlichen Gemeinschaft in vielfältigen Farben zu strahlen beginnt und die Energie anfängt, sich in einer Kreisform zu bewegen.

Das ist eine sehr gute, positive Nachricht, denn alles, was in göttlicher Ordnung ist, besteht aus Kreisen oder Kreisformen, die in eurer Wahrnehmung auch Ringformationen bilden können.

Vielleicht könnt ihr diese Worte noch nicht ganz verstehen. Aber trotzdem dürfen wir euch jetzt mitteilen, dass die Veränderungen, die bereits stattgefunden haben, die gerade stattfinden und die noch stattfinden werden, für euch sehr viel Positives und eine Ausdehnung der Bewusstseinsebene eurer menschlichen Gemeinschaft mit sich bringen werden.

∞

Wir sind mit euch und begleiten euch.

Wir grüßen euch von unserem Zeitraum aus und freuen uns auf die Begegnung mit euch.

Wir wünschen euch ein wundervolles neues Jahr.

Und wir wünschen euch, dass dieses Jahr für euch voller Vertrauen, Liebe, Licht, Ausdauer und Frieden in eurem Herzen sein wird und dass ihr euch der Begleitung durch eure Lichtwesen, die euch bedingungslos lieben, stets bewusst sein mögt.

Frieden mit euch, Frieden mit uns!
Eure plejadischen Begleiter

Beschreibung des Sonnensymbols

Dieses Heilzeichen haben wir für euch programmiert und an morphogenetische Felder angebunden, damit es euch hilft, euch mit der natürlichen Matrix der Sonne und der gesamten Sonnenkonstellation zu verbinden. Es verbindet euch auch mit der Energie und Weisheit der Sonnenseele Ra, die euch Informationen über besiedelte Planeten in eurer Umgebung und deren Zivilisationen zuführt. Die Sonnenseele Ra ist die Vermittlerin zu diesen Zivilisationen in eurer Konstellation und eurer Galaxis.

Wenn ihr das Sonnensymbol betrachtet, dehnen sich eure Lichtchakren aus, so dass ihr einen besseren Zugang zu Reisen in Parallelwelten bekommt. Die Ausdehnung eurer Lichtchakren erleichtert es euch, mit allen erdenklichen positiven Lichtwesen in allen Räumen und Dimensionen in Verbindung zu treten.

Gleichzeitig unterstützt euch dieses Symbol bei der Heilung und Regeneration eurer DNA und bei der Reinigung eurer Zirbeldrüse, die ein Zugang zu eurem höheren Bewusstsein ist. Sie wird dadurch für den Empfang von Informationen der Lichtwesen aktiviert, was euch den Kontakt bei Channelings erleichtert.

Wie du mit diesem Symbol arbeitest …

Es genügt, das Zeichen der Sonnenseele Ra zu betrachten, und du wirst mit der Sonne deiner Konstellation und allen Möglichkeiten verbunden, die wir beschrieben haben. Wähle intuitiv eine Dauer, die dir geeignet erscheint. Wir empfehlen, dass du dieses Symbol mindestens drei Minuten lang betrachtest.

RA

Beschreibung des Erdsymbols

Auch dieses Heilzeichen haben wir für euch programmiert und an morphogenetische Felder angebunden, damit es euch hilft, euch mit der Erdseele Gaia und all ihren Frequenzen zu verbinden. Es verbindet euch mit ihrem natürlichen Matrixsystem, so dass ihr wieder in das System des Planeten Erde hineinpasst. Außerdem hilft es euch, die Lichtchakren unter euren Füßen zu aktivieren, die Gaias Weisheit und Informationen empfangen. Sie verbinden euch mit den Meridianen und Kristallstrukturen der Erde und sichern euch den Zugang zu den lichtvollen Dimensionen, die sich im Inneren der Erde befinden oder für das Erdinnere zuständig sind.

Dieses Symbol soll euch eine Hilfe für eure Anbindung an die reinste Ordnung und die reinsten Systeme der Erde sein, welche die göttliche Intelligenz erschaffen hat. Gleichzeitig bindet es euch an neue, lichtvolle Systeme höherer Ebenen der Erde an, in die ihr gerade aufsteigt, an göttliche Systeme ohne Manipulation, an Systeme, die freiheitlich und vollkommen sind. Es bindet euch an Lichtinformationen an, die zu eurem Planeten strömen und euch helfen, erfolgreich in höhere Räume der Erde aufzusteigen.

Dieses Symbol schützt euch mit der Kraft der Erde. Es verbindet euch mit der Erde und erdet euch. Ihr könnt es vor jeder Energiearbeit und vor jedem Channeling benutzen, aber auch nach der Energiearbeit und nach einem Channeling.

Wie du mit diesem Symbol arbeitest …

Es genügt, das Zeichen zu betrachten, und du wirst mit Gaia und allen Möglichkeiten verbunden, die wir beschrieben haben. Wähle die Dauer intuitiv. Wir empfehlen, dass du dieses Symbol mindestens drei Minuten lang betrachtest.

GAIA

Mein Nachwort

Liebe Leserinnen und Leser!

Ich bin sehr glücklich darüber, dass ich euch durch meine Bücher mit Botschaften und Übungen der Plejader auf eurem irdischen Weg begleiten darf, denn diese Zeit bringt große Veränderungen mit sich, nicht nur hinsichtlich der Entwicklung, die unsere Gemeinschaft nimmt, sondern auch hinsichtlich ihrer Strukturen. Und diese Veränderungen betreffen jeden Einzelnen von uns.

Wir haben uns vor unserer Inkarnation auf diesem Planeten für eben diese Zeit und diesen Raum entschieden. Wir haben uns für den Fortschritt und die Entwicklung unseres Bewusstseins entschieden, und jeder von uns kann die Veränderungen, die sich außerhalb von uns und in uns selbst vollziehen, bestätigen.

Dieses Maß an Bewusstseinsentwicklung, herbeigeführt durch unzählige Situationen und Geschehnisse, die zur Entwicklung unseres Bewusstseins beitragen, haben wir in einer solchen Intensität noch in keiner unserer Inkarnationen hier auf der Erde erlebt.

Alles verläuft unglaublich schnell.

Auch wenn die Situationen, die wir im Hier und Jetzt erleben, sich häufig geradezu überschlagen, fühlen wir in der Tiefe unserer Seele, dass die Lichtwesen uns begleiten und eine unsichtbare Kraft uns den Mut verleiht weiterzumachen. In der Tiefe unserer Seele spüren wir, dass uns diese Kraft auch Vertrauen in unser Handeln und Vertrauen gegenüber den Veränderungen schenkt, die sich in unserem Umfeld und in uns selbst abspielen.

Alles, was uns in dieses Stadium unserer Entwicklung gebracht hat, wird von einer riesigen Woge kosmischen Lichts, kosmischer Liebe und kosmischer Freiheit begleitet.

Sicher habt auch ihr bereits bemerkt, wie viele Menschen in unserem Umfeld auf die Veränderungen reagieren, und sie reagieren ganz unterschiedlich, manche verzweifelt und manche besonnen, manche wiederum – die eine Vorstellung vom Großen Ganzen haben – sogar voll freudiger Erwartung.

Aber für alle gilt, dass wir in dieser Zeit von Grund auf neu beginnen. Alte, dysfunktionale, dem Guten nicht mehr dienliche Systeme zerfallen und neue Systeme entstehen. Eine unfassbar lange Zeit, die viele von uns mit mehreren tausend Jahren ansetzen, waren die Menschen wie gelähmt und haben Stagnation erlebt, die ewige Wiederkehr des Immergleichen. Endlich beginnen Lichtfunken der göttlichen Führung in uns aufzuleben und unser Höheres Bewusstsein übernimmt die Führung.

Jetzt ist die Zeit, in der sich unser Bewusstsein entfaltet und mit dem Bewusstsein anderer Menschen verbindet, Menschen, die in der gleichen Frequenz wie wir selbst schwingen. Unsere persönliche Kraft nimmt zu und unser persönliches Licht dehnt sich zusehends weiter aus. Je heller und freier unser Herz wird, desto heller und freier werden auch die Gedanken unseres Geistes.

Wir spüren, dass unsere reine Absicht immer leichter zu halten ist und an Intensität gewinnt. Wir beobachten, wie unsere Gedanken sich mit Menschen verbinden, die mit ihnen in Resonanz gehen, und wie sich alles schneller manifestiert. Unsere Gedanken bekommen eine unermessliche, kosmische Kraft!

Die Plejader rufen uns in dieser Zeit auf, unsere Gedanken mit den Gedanken anderer Menschen guten Willens zu verbinden. Sie rufen uns auf, die Kraft des menschlichen Kollektivs zu nutzen. Auch ich selbst wurde von den Plejadern dazu aufgerufen, mehr positive Veränderungen denn je anzuregen. Ich wurde dazu aufgerufen, möglichst viele Menschen anzusprechen, die mit ihrer reinsten Absicht und durch die Kraft des Kollektivs für die positive Zukunft der Menschheit tätig sein können.

Schon bei einer Anzahl von neuntausend Menschen, die mit derselben positiven Absicht arbeiteten, so teilten die Plejader mir mit, ließe sich im kollektiven Feld der Menschheit ein Quantensprung herbeiführen, der die Entwicklung der Menschheit positiv beeinflusse. Und diese kollektive Arbeit solle im Oktober 2022 geschehen, wurde mir gesagt, weil die kosmische Planetenkonstellation dann dafür besonders günstig sei.

Ich führte Gespräche mit meinem Verleger über die Absicht der Plejader, durch so viele Menschen wie möglich eine kollektive Wirkung zu entfalten. Und siehe da, es gab schon ein großes energetisches Feld der Liebe durch die Teilnehmer des bereits seit einigen Jahren stattfindenden Online Channeling Kongresses, auf dem wir aufbauen konnten – und es passte auch ganz hervorragend damit zusammen, dass am 22. Oktober der Online Channeling Kongress 2022 startete. Also organisierten wir einen Eröffnungs-Live-Stream mit mir für diesen Tag, an dem möglichst viele Menschen teilnehmen sollten.

Ich bin unendlich dankbar dafür, dass alle, mit denen ich sprach, von der überraschenden Aktion der Plejader ebenso begeistert waren wie ich. Wir alle, die wir an der Organisation dieser bedeutenden spirituellen Arbeit beteiligt waren, freuten uns darauf, so viele Menschen für die Dauer der Meditation energetisch zusammenarbeiten zu sehen. Und wir vertrauten darauf, dass es gelingen würde, denn die Plejader hatten mir das mitgeteilt. Wir vertrauten darauf, dass dieser Zeitpunkt genau richtig war, um durch die gemeinsame Herzenskraft des Kollektivs den Quantensprung im Bewusstsein der Menschheit zu unterstützen.

Die plejadischen Wesen handeln stets in Absprache mit dem Kosmischen Rat und mit seiner Erlaubnis. Sie haben nicht das Recht, in die Angelegenheiten der Menschheit einzugreifen, wenn es nicht im Einklang mit den göttlichen Gesetzen ist. Weil die menschliche Gemeinschaft und die menschliche Seele, der menschliche Geist und der menschliche Körper aber Jahrtausende lang manipuliert worden waren, erteilte der Kosmische Rat den Plejadern diese Erlaubnis – wie er ihnen zuvor schon die Erlaubnis erteilt hatte, die Menschen zu begleiten und ihnen bei ihrer aktuellen Entwicklung beizustehen.

Es war das erste Mal, dass ich ein so starkes und tiefes Gefühl dabei verspürte, diese große spirituelle Arbeit zu leisten. Die Veranstalter und ich beschlossen, die Lichtwelt und ihre Wesen um Beistand für unsere gemeinsame Arbeit zu bitten. Kurz vor dem Eröffnungs-Live-Stream kamen wir deshalb alle online zusammen und baten unsere Ahnen, unsere kosmischen Familien und alle, die uns helfen konnten, um Segnung. Wir baten um die Durchleuchtung aller Räume, Zeiten und Dimensionen, die für den Quantensprung notwendig waren. Wir baten um Unterstützung und verbanden uns mit der göttlichen Intelligenz und mit der Frequenz der kosmischen Freiheit.

Und dann kam der Augenblick, in dem sich alle Teilnehmer über verschiedene digitale Kanäle zum Eröffnungs-Live-Stream einfanden. Die Übertragung hatte begonnen.

Ich konnte auf dem Bildschirm meines PCs nicht sehen, wie viele Menschen sich anbanden.

Ich konnte nicht sehen, wie viele Menschen vor ihren eigenen Bildschirmen saßen und wie viele im Stillen und ohne digitale Verbindung mit uns zusammenwirkten.

Als die Meditation zu Ende war, vernetzte ich mich mit dem Team des Channeling Kongresses und mit meinem Verleger. Wir konnten anhand der Zugangsdaten sehen, dass es über 11.000 Menschen gewesen waren! Und das bezog sich nur auf die zugeschalteten Geräte, denn im Grunde musste man noch die Anzahl hinzuzählen, die sich ergab, wenn gleich mehrere Menschen gemeinsam vor dem Bildschirm saßen!

Ich denke, dass wohl zu den über 11.000 Menschen noch einige Tausend mehr hinzukamen, die ebenfalls intensiv mitgearbeitet haben. Damit hatten wir die kritische Masse an erleuchteten menschlichen Herzen, die für diese energetische Arbeit notwendig war, bei Weitem überschritten.

Ich war so glücklich, dass die »Mission« geglückt war!

Die Anzahl der Menschen, die einfach durch ihr Sosein und ihr meditatives Wirken lichtvolle Arbeit verrichten, wächst sehr schnell. Vielleicht waren sogar einige von euch, die ihr gerade diese Zeilen lest, bei der Übertragung dabei und haben ebenfalls die großartige positive Kraft des Kollektivs gespürt.

Dafür danke ich euch sehr!

Das kollektive Feld der Menschheit erstrahlt jetzt. Es hat sich mit dem Strahlen und den Farben des Universums verbunden. Das Licht des kollektiven Felds hat sich ausgebreitet und die in ihm enthaltenen Bewusstseinsinformationen konnten verstärkt Menschen erreichen, die auf der Suche sind. Dadurch, dass wir alle miteinander verbunden sind, gelingt vielen Menschen nun Schritt für Schritt die Erinnerung an ihre lichtvolle Essenz.

Wir alle ahnen und spüren, dass weitere große Ereignisse auf uns warten. Wir spüren, dass diese Ereignisse so nahe sind, dass wir sie schon fast berühren können. Wenn diese Ereignisse eintreten, wird es sein, als würde sich eine positive Zeitlinie von einer negativen Zeitlinie abtrennen, als wären da zwei Welten, zwei Realitäten, die sich mehr und mehr voneinander entfernen. Und das betrifft auch die Menschen um uns herum.

Ich spüre mehr denn je, mit welchen Menschen es mir gut geht und welche Menschen sich im Gegensatz dazu von mir entfernen, ohne dass zwischen uns etwas vorgefallen wäre. Umgekehrt spüre ich, wie zwischen denjenigen von uns, die sich gegenseitig anziehen, ein energetisches, lichtvolles Band wächst, das uns stärkt und energetisch nährt. Bei Menschen, die sich voneinander entfernen, kann ich beobachten, dass die unsichtbaren Fäden zwischen ihnen zerreißen und sich nicht mehr verbinden lassen. Ich verspüre dabei keine Trauer oder andere Emotionen. Ich spüre, dass es so sein soll und seinen natürlichen Weg geht. Jeder von uns hat das Recht zu entscheiden, welchen Weg er einschlägt und welchen Menschen er auf seinem weiteren Lebensweg begegnen möchte.

Ich weiß, dass alles seinen Sinn hat. Das fühlt sicher auch ihr, liebe Leserinnen und Leser. Ihr fühlt, dass manche Lebensabschnitte zu Ende gehen und dass neue Lebensabschnitte beginnen, die uns neue Abenteuer in einer neuen Zeit erleben lassen.

∞

Im vorigen Frühjahr hatte ich ein interessantes Erlebnis in meinem Alltag. Ich erinnere mich nicht, dass dieser Tag irgendwie besonders gewesen wäre. Ich weiß nur, dass es um Ostern herum geschah, einer Zeit, in der unser geliebter Planet von kosmischer Christusliebe und Christusenergie erfüllt ist.

Ich saß mit meinem Partner beim Abendessen und sah auf einmal, wie durch meine Küche riesige feinstoffliche Kristallringe zogen. Es wirkte fast so, als wären sie aus geschliffenem Kristallglas. Dennoch waren sie vollkommen transparent, und man konnte durch sie hindurchsehen. Sie zogen durch meine Küche, verbanden sich miteinander, verbanden sich mit meinem Körper und mit dem Körper meines Partners.

Wir hatten keinerlei physische Wahrnehmungen, als diese lichtvollen, kristallinen Ringe in unseren Körpern steckten. Es war nichts zu spüren. Ich konnte aber erkennen, dass an den Stellen, an denen sich ein Teil des Rings befand, unsere Körpermaterie durch die Ringe hindurch nicht mehr sichtbar war – obwohl die Ringe durchsichtig und feinstofflich waren.

Das Phänomen dauerte etwa zehn Minuten. In dieser Zeit versuchte ich, die Lichtringe zu berühren. Es gelang mir auch, und ich hatte den Eindruck, als freuten sich die kreisförmigen Formationen darüber, dass ich mit ihnen in Verbindung trat. Es war einfach großartig, ein wunderschönes lichtvolles Schauspiel!

Ich wusste sofort, dass diese Ringe plejadische Lichtwesen waren, die uns besuchten. Sie nehmen manchmal geometrische Formen an, wenn sie in den irdischen Zeitraum einsteigen. Kreisformen oder die Gestalt von Mandalas sind für sie sehr typisch. Und dann teilten diese kristallinen Plejader mir mit, dass es sich um eine wichtige Kontaktaufnahme mit ihrer neunten Bewusstseinsdimension handelte. Sie teilten mir mit, dass sie mich durch ihren »Besuch« mit anderen Bewusstseinsfeldern und Informationen verbanden, die ich an die Menschen weitergeben sollte. Es ging um eine Erhöhung der Bewusstseinsaktivität zwischen den plejadischen Wesen, mir und meiner Familie.

Die plejadischen Wesen hatten mir lichtvolle Informationen aus ihren Welten gebracht. Sie erweiterten dadurch meine Möglichkeiten, aus Welten, zu denen ich bis dahin keinen Zugang hatte, zusätzliche Informationen zu erlangen.

Durch dieses Erlebnis bestätigen sich wieder einmal ihre Worte, dass Informationen aus der Lichtwelt stets in Kreisen zu uns kommen und dass es uns überlassen bleibt, ob wir sämtliche Informationen des »Geschenks« auf einmal entschlüsseln oder ob wir uns für die Entschlüsselung eine gewisse Zeit lassen, weil wir erst noch etwas anderes verstehen oder begreifen müssen.

Wir sehen also, dass diese Zeit voller Magie ist und ständig Neues für uns bereithält. Aber ich liebe alles Neue, selbst wenn dieses Neue in unserer herausfordernden Zeit mit enorm hoher Geschwindigkeit zu uns kommt.

Auch ich brauche oft Zeit, um bei den Informationen, die mir von den Plejadern übergeben werden, alle Zusammenhänge zu verstehen. Niemand ist bisher an diese Geschwindigkeit gewöhnt.

Wir dürfen lernen, dass die Informationen der Lichtwelt schneller als mit Lichtgeschwindigkeit zu uns kommen.

Unablässig kommt Neues zu uns.

Innerhalb bestimmter niedrigschwingender Dimensionen und Räume sind viele unsichtbare Grenzen gefallen. Viele Grenzen existieren nicht mehr. Die Lichtwesen haben jetzt einen viel besseren Zugang zu uns. Und wir zu ihnen.

Eine weitere Begebenheit möge als Beispiel dienen ...

Auf einem Seminar meldeten sich eines Tages lichtvolle kosmische Ärzte und Heiler bei den Teilnehmern. Das war eine große Ehre, denn es ging auf dem Seminar darum, künftige Heiler auszubilden. Die Lichtwesen stiegen aus der Welt der kosmischen Magie in unseren irdischen Raum hinab und beehrten uns mit ihrem Besuch, der sich sehr real anfühlte. Sie teilten uns mit, dass die Teilnehmer der Gruppe ins Register der kosmischen Ärzte und Heiler aufgenommen wären. Wenn sie Hilfe bei Heilungen benötigten, würden diese kosmischen Ärzte und Heiler gerne zu ihrer Unterstützung kommen. Sie sagten, sie lebten einst hier auf der Erde. Sie arbeiteten hier mit dem Ziel, Menschen zu helfen – und nun arbeiten sie von den lichtvollen Höhen aus und unterstützen jeden, der sich entschieden hat zu helfen und zu heilen.

Jeder, der Hilfe braucht und aus reinem Herzen und reiner Absicht heraus handelt, kann sie um Unterstützung bitten. Es genügt, an die Tür des Registers der kosmischen Ärzte und Heiler »zu klopfen«. Jeder Mensch kann sie um Unterstützung bitten. Es kommt nicht darauf an, ob er als Arzt oder Heiler arbeitet.

Für mich war auch die folgende Information sehr interessant: Sie teilten mir mit, dass sie mit den Lichtwesen der Kosmischen Heilapotheke zusammenarbeiten und ihnen bei der Auswahl und Dosierung der lichtvollen Präparate für Menschen helfen, die um Unterstützung gebeten haben.

Das war für mich ein weiterer Mosaikstein, um zu verstehen, dass die Existenz der Kosmischen Heilapotheke für uns Menschen viel größer und greifbarer ist, als ich bisher angenommen hatte. Die ersten Durchsagen zur Heilapotheke erhielt ich 2021 für das siebte Plejadenbuch. Im folgenden Jahr habe ich weitere Informationen über das Ausmaß dieser kosmischen Datenbank bekommen, zu der wir alle Zugang haben, und seitdem empfange ich dazu immer wieder einmal Durchsagen.

Die kosmischen Ärzte und Heiler arbeiten Hand in Hand mit Aufgestiegenen Meistern, weil diese einst auf dem Planeten Erde inkarniert waren und uns Menschen und unsere Systeme von Seele, Geist und Körper deshalb sehr gut verstehen. Ich bin fest davon überzeugt, dass die kosmischen Ärzte und Heiler uns noch viel mehr Informationen darüber mitteilen werden, wie wir unseren Systemen helfen können.

Die Zeit ist reif für neue Informationen. Die Zeit ist reif, noch mehr Zusammenhänge zu erfahren, die uns Menschen bisher verheimlicht oder vor uns verborgen gehalten wurden.

Inzwischen melden sich auch Zivilisationen bei den Menschen, die sich Jahrtausende lang unter der Oberfläche dieses Planeten aufhielten, etwa die ursprünglichen Bewohner der Erde oder die Zivilisationen der Lemurer und Atlanter.

Sie melden sich jetzt wieder bei uns und geben uns Hinweise und Beweise für ihre Existenz. Sie senden Impulse zu uns aus, damit wir die Räume unserer Wahrnehmung weiter öffnen und noch mehr Informationen in unser Denken hineinlassen, Informationen, die uns erstrahlen lassen.

Aber nicht nur wir Menschen erstrahlen gerade und verbinden uns mit dem Licht unserer Galaxis. Auch eine unglaubliche Menge an Lichtwesen aus dem Inneren der Erde verbindet sich mit Lichtwesen aus der kosmischen Welt. Viele spirituelle Lehrer beschreiben, dass diese Lichtwesen erstmals wieder ein Zeichen ihrer Existenz geben. Wir nehmen sie jetzt wahr. Sie melden sich mit Hinweisen, die uns eine Wende in unseren Vorstellungen, in unserem Denken und in unseren Überzeugungen bringen werden.

Ich bin fest davon überzeugt, dass die Informationen, die wir erhalten werden, bereits in den realen Raum der Menschheit eintreten. Sie sind bereits im Begriff, in die Gedanken von nicht wenigen Menschen einzutreten, die bis jetzt in der Überzeugung lebten, dass das, was sie sehen und um sich herum beobachten, ihre wahre Realität ist.

Wir werden Schritt für Schritt vorbereitet. In der Geschwindigkeit, in der wir alles aufzunehmen und zu tragen in der Lage sind. Jeder für sich.

∞

Ihr Lieben, bevor ich mich für diesmal von euch verabschiede, möchte ich gerne noch eine Botschaft an euch weitergeben, die mich kurz vor Abschluss des vorliegenden Buches erreichte. Sie stammt von meinem Uropa, den ich in dieser Inkarnation physisch leider nie kennengelernt habe. Er starb lange vor meiner Ankunft auf diesem Planeten. Seine Botschaft für das Buch 8 hat euch aber so gut gefallen, dass viele von euch sich wünschten, erneut von ihm zu hören. Er hat sich wieder gemeldet und mich gebeten, auch diese Botschaft an euch weiterzugeben. Sehr gerne teile ich seine neue Nachricht aus dem Himmel mit euch ….

Mein liebes Mädchen,

der Sinn und das Ziel von Inkarnationen auf der Erde ist es, ein guter Mensch zu werden und zu bleiben. Natürlich erlebt ihr viele Schwierigkeiten und Herausforderungen in eurem Leben. Aber es geht darum, trotz aller Widrigkeiten und des erlebten Unglücks rein und gut im Herzen zu sein. Menschen, die wegen ihrer Schwierigkeiten verbittern und bis an ihr Lebensende mit getrübtem Blick auf die Welt schauen, schaffen diese Aufgabe leider nicht. Sie werden mit größter Wahrscheinlichkeit erneut auf der Erde inkarnieren, vielleicht noch viele weitere Male. Wenn ihr alles versteht und die Liebe in eurem Herzen lebt, obwohl euch häufig wehgetan wurde, dann habt ihr es geschafft.

Die Menschen sollen zu reinen, lichten Wesen werden, die niemandem schaden und die vergeben können. Das ist Sinn und Ziel für euch auf der Erde. Was ihr dabei alles erlebt, ist nur Illusion. Es sind eigentlich nur Bilder, die euch zugespielt werden. Und weil die Menschen ein Gehirn benutzen, halten sie es für ihre wahre Realität.

Auch die Zeit ist nur Illusion. Sie existiert auf der Erde als eine bewegliche energetische Konstante, die über alles und jeden entscheidet. Aber ihre Kraft ist begrenzt.

Liebe hingegen ist die alles überragende intelligente Kraft. Sie strahlt eine wunderschöne und niemals versiegende Wärme aus. Sie ist von Anbeginn an allmächtig. Deshalb siegen die Liebe und das Gute auch immer und das Ungute geht unter.

Ihr findet desto mehr Liebe in euch, je mehr ihr die Regeln des Lebens versteht. Und wenn ihr diese Liebe ausstrahlt, verbindet sie euch mit der kosmischen Liebe. Dadurch dehnt sich die göttliche kosmische Liebe noch mehr in alle Räume der Unendlichkeit aus.

Hier in der Dimension des Lichts existieren andere Regeln als auf der Erde. Für uns gibt es keine körperliche Materie. Für uns ist Materie nur Ballast. Für uns existiert einzig Liebe in ihrer reinsten Form, als schöne und niemals versiegende Wärme. Alle mögen sich hier. Die alles erfüllende Liebe fühlt sich an, als würde man einander ständig umarmen. Stellt euch dieses wundervolle und wärmende Gefühl im Brustkorb und im Herzen vor!

Auch die Gedankenform der Information funktioniert hier anders. Alle Gedanken sind hier miteinander verbunden, und jeder von uns kann sie verwenden. Aber wir lassen sie nur dann zu, wenn sie notwendig ist. Etwa für das Reisen in Raum und Zeit.

Der bloße Gedanke der Absicht bringt uns bereits zu dem Ort und der Zeit, die wir besuchen wollen.

Wir sind an die überragende universelle Intelligenz angebunden und können die Gedanken aus dieser intelligenten Form jederzeit herauslesen und geben sie gerne weiter – etwa an euch Menschen. Weil Gedanken nicht unser Besitz sind. Gedanken sind für alle da.

Wir leben hier in der Dimension des Lichts vor allem in den Emotionen der Liebe, des Friedens, des Glücks, der Harmonie und der Freude. Wir binden uns an diese Emotionen an und setzen sie für das Gute ein. Wir verwenden sie, um damit anderen zu helfen!

Als junger Mann habe ich unablässig versucht, mehr über Ägypten zu erfahren, weil die Geheimnisse von Ägypten mich so sehr anzogen. Damals war es für die meisten Menschen nicht möglich, einfach zu reisen. Es gab die Mittel und das Geld nicht. Mein großer Traum war es, die Geheimnisse unter den Pyramiden auf dem Gizeh-Plateau zu enthüllen und mich mit dem Geist der längst vergangenen außerirdischen

Zivilisationen zu verbinden, die in Ägypten gewirkt haben. Zumindest in meinen Gedanken bin ich damals nach Ägypten gereist. Oft sagte ich mir: »Irgendwann wirst du nach Ägypten kommen.«

Und jetzt, in dieser Form, hier in der lichtvollen Dimension, kann ich in Ägypten und an all den anderen Orten sein, die mich zeitlebens angezogen haben – jederzeit, ich brauche nur daran zu denken. Ich kann auch an mehreren Orten gleichzeitig sein. Ich kann auf mehreren Planeten gleichzeitig sein. Ich kann sogar in unterschiedlichen Dimensionen, Räumen und Zeiten gleichzeitig sein. Hier existieren für uns keine Grenzen. Für uns gibt es hier nichts, was es nicht gibt. Wir brauchen es nur zu denken, und schon gibt es das hier für uns. Die göttliche Intelligenz verbindet uns mit allem und jedem, sobald wir es uns wünschen. Die göttliche Intelligenz ermöglicht die Multidimensionalität unseres Seins.

Nie hätte ich zu Lebzeiten gedacht, dass das Leben im Licht so grandios und fantastisch ist. Nie hätte ich zu Lebzeiten gedacht, dass ich einmal ohne Grenzen und Beschränkungen existieren würde. Ich hätte mir niemals träumen lassen, dass ich einmal Zugang zur Datenbank der kosmischen Informationen haben würde, die im Licht und in der Liebe entstanden ist und die allen Wesen dieses unendlichen Universums dient.

Sicher, bei euch ändern sich die Zeiten und das, worauf wir im vergangenen Jahrhundert auf dem Planeten Erde noch nicht zugreifen konnten, steht euch nun zur Verfügung. Allen Wesen guten Willens steht es zur Verfügung. Ob im physischen oder feinstofflichen Körper. Damals, während meiner letzten Inkarnation auf der Erde, gab es noch viele dunkle Schleier zwischen den Dimensionen, Räumen und Zeiten, die den Zugang zum kosmischen Wissen verhinderten. Jetzt ändern sich die Systeme des Planeten Erde, die Aufgabe des Planeten Erde ändert sich.

Der Planet Erde kehrt in seine Ordnung zurück.

Und je mehr Liebe auf der Erde entsteht, desto mehr Liebe findet von euch zu uns und desto mehr Möglichkeiten haben wir hier, diese Liebe und ihren grenzenlosen Ausdruck auf irdische Menschen und alle Wesen zu übertragen, die nach Liebe suchen.

Macht euch bewusst, dass jeder auf dem Planeten Erde erschaffene, reine und liebevolle Gedanke auch zu Familienangehörigen gelangt, die ihren physischen Körper bereits verlassen haben. Macht euch bewusst, dass es mit jeder eurer Emotionen genauso ist. Und wir alle hier geben diese reinen, liebevollen Gedanken und Emotionen gerne an diejenigen weiter, die es brauchen. Wir sind alle verbunden und unterstützen uns gegenseitig.

Ich danke dir, mein Mädchen, für deine Liebe und dein Interesse an mir, für deine Liebe zu anderen Wesen und zu dieser Welt. Deine Liebe verbindet uns alle miteinander, quer durch die Dimensionen. Sie verbindet uns immer mehr. Jeden Tag wird unsere Verbindung stärker, weil dein Herz jeden Tag mehr Liebe ausstrahlt.

Vergiss nicht dich selbst. Vergiss nicht, dass die Liebe, die jeden Tag in dir wächst, Raum und Zeit braucht. Liebe verbindet uns.

Ich sende dir meine lichtvollen Grüße.

Dein dich liebender Uropa

František Tejnor

Und damit verabschiede ich mich für diesmal wieder von euch, liebe Leserinnen und Leser. Ich bleibe mit euch weiterhin im Herzen verbunden.

Danke für eure Freundschaft. Danke für eure Liebe und eure Verbundenheit.

Von Herz zu Herz!

Pavlina

Danksagung

Mein tief empfundener Dank gilt all meinen plejadischen und lichtvollen Begleitern, die mich beim Schreiben dieses mittlerweile neunten Buches der *Lichtbotschaften von den Plejaden* begleitet haben. Auch wenn die Zeit, in der ich es geschrieben habe, für uns alle sehr aufregend und turbulent war, ist es mir dank meiner lichtvollen Begleiter doch gelungen, ihre Botschaften mit erstaunlicher Leichtigkeit, größter Freude und in dem Zeitraum niederzuschreiben, den ich mir dafür vorgenommen hatte.

In Momenten wie diesem, kurz nach dem Abschluss eines Buches, wird mir immer wieder besonders deutlich, dass die plejadischen und lichtvollen Wesen mir unablässig die nötige Kraft, Motivation und Zeit zuführen, ohne die es nicht möglich wäre, mich immer wieder für unzählige Stunden mit meinem Heft niederzusetzen, um die einzelnen Durchsagen aufzuschreiben.

In solchen Momenten wird mir klar, dass die plejadischen und anderen lichtvollen Wesen mir die Zeit »verschaffen«, damit ich mich in Ruhe an meinen Schreibtisch setzen und die Botschaften in elektronischer Form auf meinen PC übertragen kann.

In solchen Momenten habe ich das Gefühl, dass mir die Plejader für das Schreiben sozusagen Zeit »schenken« oder sie irgendwie für mich ausdehnen, damit ich zwischen den vielen Aktivitäten, die das Leben als Heilerin mitbringt, alles in Leichtigkeit schaffe.

Euch allen, ihr lieben Leserinnen und Leser, danke ich aus tiefster Seele und von Herzen für eure Treue, für eure Begleitung, für euer Vertrauen und ganz einfach dafür, dass ihr seid! ☺

Mir ist sehr bewusst, dass sich unser gemeinsames lichtvolles Bewusstseinsfeld nur dank jedes Einzelnen von euch so glücklich entwickeln konnte, wie wir es jetzt vorfinden.

Mir ist sehr bewusst, dass jeder Einzelne von euch ein unentbehrlicher Teil unserer kollektiven Gemeinschaft ist.

Und ich wertschätze jeden Einzelnen von euch. Eure Energie, eure Dankbarkeit und eure Verbundenheit geben mir die Motivation und Kraft, mich immer wieder anzubinden und die Botschaften der plejadischen Wesen für euch zu empfangen.

Ich danke auch meiner Familie, ich danke meinem Partner, ich danke meinen Liebsten für ihre Begleitung und ihr Herzensverständnis, dass es meine Mission ist, den Menschen Botschaften von plejadischen und anderen Lichtwesen zu übermitteln. ☺

Ich danke sehr und von ganzem Herzen meiner Tochter Nicole für ihre lichtvolle, liebevolle Übersetzung jedes einzelnen Wortes in diesem Buch. Ich weiß, dass die Plejader ihr für diese Arbeit unendlich viel Dankbarkeit senden und sie dafür lieben.

Ich danke sehr und von Herzen meinem Verleger Michael und seiner Partnerin Heike und dem ganzen Team, das mit dem Entstehen des Buches zu tun hat. Ich weiß, dass alle ihre grenzenlose Begeisterung in dieses gemeinsame Projekt hineingeben.

Ich danke dem Team des Channeling Kongresses für seine Liebe, seinen unendlichen Fleiß und seine Ausdauer, die Botschaften der Plejader und Lichtwesen auch von anderen Medien in die Welt der Zuhörer und Zuschauer weiterzutragen.

Ich danke euch allen und schicke euch eine liebevolle Umarmung.

Danke, danke, danke, dass ihr diesen lichtvollen Weg mit uns zusammen geht.

Mit Liebe im Herzen!
Eure Pavlina

Liebe Leserinnen und Leser!

Bianca bat mich, für ihr erstes Buch ein Vorwort zu schreiben, und diesem Wunsch bin ich sehr gerne nachgekommen, denn als ich ihr Manuskript zu lesen begann, kam mir daraus eine Welle der Liebe, Reinheit und auch der Natürlichkeit entgegen. Schon bei den ersten Zeilen spürte ich, dass die Verbindung mit dem Reich der Tiere und der Natur ihr im Blut liegt. Und auch, dass die Kommunikation mit den Tieren ihre Berufung ist.

Und je länger ich in Biancas Manuskript las, desto größer wurde mein Wunsch, euch einige Gedanken und Eindrücke zu vermitteln, die mir beim Lesen ihres wirklich einzigartigen Werkes in den Sinn gekommen sind.

Bianca stellt euch darin gechannelte Texte von tierischen Begleitern des Menschen, aber auch von wild lebenden Tieren vor – und sie machen eines sofort deutlich: Jedes Tier hat sein eigenes Bewusstsein und ist an das Bewusstsein der übergeordneten Seele seiner Art angebunden, die Bianca Tiergruppenseele nennt. Und um das Channeling eben dieser Tiergruppenseelen – sie präsentiert uns deren zwölf – geht es in ihrem Buch.

Es ist kaum zu glauben, welche Fülle an Informationen die einzelnen Botschaften bereithalten. Die großartigen Channelings, die das Buch enthält, sind deswegen so bedeutend, weil wir erfahren dürfen, dass jede Tierart auf diesem Planeten eine bestimmte Aufgabe hat – und diese Aufgabe verbindet sie gleichzeitig mit anderen Arten von Tierreichen und mit der menschlichen Gemeinschaft.

Und es geht noch weiter: Auch wenn jede Tiergruppenseele im Tierreich ihre eigene Funktion und Aufgabe besitzt und sich nach eigenen Regeln richtet, tragen alle Tiergruppenseelen doch gleich mehrere gemeinsame und nahezu identische Gedanken und Auffassungen in sich, die sie uns Menschen übermitteln.

Ihre Botschaft für unsere menschliche Gemeinschaft ist ein Aufruf, zu unserer Natürlichkeit zurückzukehren. Die Gesetze der Natur und die Gesetze der natürlichen Kommunikation zu ehren. Aufzuhören, Rivalen und Feinde zu sein, und stattdessen endlich wieder die positive Kraft des Kollektivs zu nutzen.

Es geht darum, mehr im Hier und Jetzt zu leben. Denn der gegenwärtige Augenblick verbindet uns mit der positiven Kraft und Energie der Natur. Er verbindet uns mit der positiven Kraft und Energie unserer Galaxis und unseres Universums, das überall um uns herum ist. Der gegenwärtige Augenblick bringt uns innere Ruhe und lässt uns die Schönheit und das feine Geschehen um uns herum wahrnehmen.

Unsere tierischen Lieblinge lehren uns das, während sie sich in unserer unmittelbaren Nähe aufhalten und uns bei unserer spirituellen Entwicklung begleiten. Häufig zeigen sie uns mit ihrem Verhalten unsere noch unverarbeiteten Themen auf. Man könnte sagen, dass sie uns einen Spiegel vorhalten. Außerdem lassen sie uns unsere natürlichen Potenziale entdecken. Ihre Anbindung an das gemeinsame Höhere Bewusstsein ihrer tierischen Gruppenseele verbindet auch uns mit Reinheit und Natürlichkeit.

Jeder von uns befindet sich bereits auf dem Weg zu mehr Natürlichkeit und einer größeren Verbindung zu seinem Inneren Ich.

Jeder von uns – selbst wenn unsere Wege unterschiedlich sind und jeder eine andere Entwicklung durchläuft – strebt in dieser Zeit nach der reinsten Liebe zu sich selbst.

Und wenn wir es wollen und bereit dafür sind, können wir die Weisheit und das Wissen der Tierwesen annehmen, die uns von jeher auf diesem Planeten begleiten. Sie warten nur darauf, dass wir ihre Weisheit und ihr Wissen in unsere Herzen eintreten lassen, in unseren Geist und in unser Leben.

Und was ich ganz und gar großartig finde: Bianca lässt uns auf diesem Weg nicht allein. Sie bietet uns allen in diesem Buch auch Übungen an, damit wir, ihre begeisterten Leserinnen und Leser, die Kommunikation mit den unterschiedlichsten Tierwesen selbst erlernen und ihre Gefühle, ihre Bedürfnisse und ihre Botschaften selbst wahrnehmen können.

Ich wünsche euch viel Freude und großartige Erkenntnisse beim Lesen und Üben. Und gleichzeitig wünsche ich euch eine geistige Verschmelzung mit der Reinheit der Tiere und der Vielfältigkeit des Naturreichs. Dieses Buch ermöglicht euch all das!

Und dir, liebe Bianca, danke ich für dieses wundervolle Geschenk, das du uns allen in Form deines Buches gemacht hast. Alle Menschen und alle Tiere und Lebewesen leben gemeinsam auf diesem Planeten. Jede einzelne Gemeinschaft ist ein Teil des unermesslichen großen Ganzen. Und alles beeinflusst sich gegenseitig. Wir beeinflussen gegenseitig unsere gemeinsame Existenz und unsere gemeinsame Zukunft.

Jetzt ist die Zeit gekommen, dass wir beginnen, die Komplexität des gemeinsamen Lebens und Seins auf diesem wunderschönen Planeten Erde zu verstehen.

In Liebe,

Pavlina

Pavlina Klemm wurde in der Tschechischen Republik im Riesengebirge geboren. Als 19-Jährige kam sie nach München, in dessen Nähe sie heute noch lebt und arbeitet. Schon als kleines Kind hatte sie Kontakt zur Lichtwelt, und als junge Erwachsene war ihr absolut klar, welche Richtung ihr Lebensweg nehmen würde. 1999, kurz vor der Zeitenwende, begann sie dann, intensiv mit alternativen Heilmethoden zu arbeiten. Durch die Arbeit mit der heilenden universellen Energie entwickelten sich bei ihr nicht nur heilerische Fähigkeiten, sondern es erhöhte sich auch ihre Anbindung an die Lichtwelt und das Engelreich. Dank dieser Anbindung sieht sie es heute als ihre größte Aufgabe an, Informationen über die universellen Gesetze und kosmischen Entwicklungen weiterzugeben. Das Ergebnis ihrer Channeling-Kontakte mit der plejadischen Zivilisation sind die Bücher, Hörbücher, eBooks und Übungs-CDs sowie das Kartenset *Lichtbotschaften von den Plejaden* und die beiden plejadischen Arbeitsbücher *Heilsymbole & Zahlenreihen*, zu denen drei hilfreiche Workshop-CDs und gleich zwei Kartensets vorliegen.

Bei ihren Seminaren, die Pavlina regelmäßig überall im deutschsprachigen Raum und in Tschechien abhält, werden die Teilnehmer in der spirituellen Entwicklung ihrer Persönlichkeit stets fürsorglich begleitet. Dabei setzt Pavlina nicht nur ihre Ausbildungen als Lebens-Energie-Beraterin® nach Körbler und Reconnective Healing® Practitioner nach Eric Pearl ein, sondern auch ihre Schulungen durch Andrew Blake in Quantenheilung sowie eine Vielzahl russischer Heiltechniken. Außerdem wird sie von der Geistigen Welt ständig in neuen plejadischen Heiltechniken unterrichtet, die sie an die Teilnehmer weitergibt.

Pavlina widmet sich auch weiterhin dem Schreiben über spirituelle kosmische Gesetze, ihre Komplexität und ihren direkten Einfluss auf unsere menschliche Gesellschaft, denn wie sie selbst sagt: »Das Lehren und Erkennen der universellen Gesetze ist so unendlich wie das Universum selbst. Es bringt Freude, Bewusstwerden, Frieden und Reinheit im Herzen.«

Kontakt:

www.PavlinaKlemm.de

Lebens-Energie-Beraterin® nach Körbler
Reconnective Healing® Practitioner
Alternative Heilmethoden

Verzeichnis der auf den Plejaden-CDs enthaltenen Übungen und Meditationen

Gechannelt von Pavlina Klemm, eingesprochen von Kathrin Mayer, musikalisch begleitet von Sayama; beim Einsprechen im Tonstudio war Pavlina immer persönlich anwesend, um die Energie zu halten.

Klangmeditation zur Wiederanbindung der DNA-Stränge

Lichtbotschaften von den Plejaden (Reiner Klang)
70 Minuten, ISBN 978-3-95447-332-8,
ein durchgehendes Klangfeld

für Behandlungen und die Energiearbeit sowie zur Raumreinigung – mit gechannelten Meditationsanleitungen von Pavlina im Booklet.

»Der göttliche Strahl für die Wiederanbindung der DNA schwingt hoch aufgeladen mit kosmischer Musik und wunderschönen Klängen. Nimm den Strahl mit Dankbarkeit an und integriere ihn in deinen ganzen Körper. Die liebevollen Klangfrequenzen helfen dir bei deinem Prozess.« – Die Plejader

---

Energetische Reinigung und Harmonisierung von Körper und Seele

Lichtbotschaften von den Plejaden (Übungs-CD 1)

62 Minuten, ISBN 978-3-95447-291-8,
noch ohne Musik, gehört zu Buch 1 & 2

1. *Anbindung an die reine Essenz des Plejadengestirns und die Verschmelzung mit Gott (7:22)*
2. *Ablegen des Egos und Reinigung des Körpers (10:20)*
3. *Verbindung von Körper und Seele (8:48)*
4. *Reinigung deines Lichtkörpers durch die Plejader (9:04)*
5. *Reinigung des Blutkreislaufs mithilfe von Lichtenergie (6:42)*
6. *Die heilende Kraft des Ozeans (10:16) – nur hier auf CD*
7. *Die Liebe des Universums (9:00)*

Neue gechannelte Übungen und geführte Meditationen

Lichtbotschaften von den Plejaden (Übungs-CD 2)

79 Minuten, ISBN 978-3-95447-318-2,
Musik von Sayama, gehört zu Buch 3

1. *Worte der Lichtwelt an dich (5:00) – eingesprochen von Pavlina, nur hier auf CD*
2. *Anbindung an die kosmische Christusenergie (10:25)*
3. *Anbindung an die liebende Seele von Mutter Erde (10:20)*
4. *Anbindung an deine ursprüngliche göttliche Essenz (17:20)*
5. *Anbindung an den Fluss der positiven Geldenergie (10:43)*
6. *Ritual zur Vergebung aller Menschen und deiner selbst (11:22)*
7. *Worte der Plejader an dich (5:38) – eingesprochen von Pavlina, nur hier auf CD*
8. *Lichtklänge aus Shambhala (7:17) – Reiner Klang, nur auf dieser CD*

Zur positiven Umprogrammierung deiner Informationsfelder

Lichtbotschaften von den Plejaden (Übungs-CD 3)

79 Minuten, ISBN 978-3-95447-331-1,
Musik von Sayama, gehört zu Buch 3

1. *Wachsenlassen von Licht, Liebe und Dankbarkeit (8:24)*
2. *Anbindung per Zahlenreihe an deine kosmische Familie (14:40)*
3. *Positive Umprogrammierung deiner Informationsfelder (17:14)*
4. *Affirmation & Klang zur positiven Umprogrammierung (37:32)*

Heilung von Körper und Seele durch kosmische Liebe

Lichtbotschaften von den Plejaden (Übungs-CD 4)

78 Minuten, ISBN 978-3-95447-351-9,
Musik von Sayama, gehört zu Buch 4

1. *Einleitende Worte zur Heilung (4:51) – eingesprochen von Pavlina*
2. *Aktivierung des Zugangs zur Lichtwelt (10:06)*
3. *Ehre deinen Körper, deine Organe und Zellen (9:56)*
4. *Durchlichtung der Atmosphäre deines Planeten (7:14)*
5. *Erhöhter Photonenstrom durch Segen (9:00)*
6. *Sprich mit den Organen deines Körpers (8:31)*
7. *Lichtwesen verbinden dich mit der Natur (12:23)*
8. *Liebe und Dankbarkeit für die Feen (6:03)*
9. *Aufruf der Wesen des Planeten Venus (8:52) – eingesprochen von Pavlina*

Rückholung verlorener Seelenanteile und Heilung von Mutter & Kind

Lichtbotschaften von den Plejaden (Übungs-CD 5)

78 Minuten, ISBN 978-3-95447-366-3,
Musik von Sayama, gehört zu Buch 4

1. *Rückholung deiner verlorenen Seelenanteile (33:57)*
2. *Reinigung des Wirbelsäulenkanals von Mutter und Kind (32:20)*
3. *Heilung durch die Frequenz gesprochener Worte (11:33)*

Meditationen und Übungen für das Goldene Zeitalter

Lichtbotschaften von den Plejaden (Übungs-CD 6)

78 Minuten, ISBN 978-3-95447-369-4,
Musik von Sayama, gehört zu Buch 5

1. *Einleitende Worte des Lichtrats (4:17) – eingesprochen von Pavlina*
2. *Meditative Anbindung an die Blume des Lebens (4:41)*
3. *Geleiten einer Seele ins Licht (6:41)*
4. *Anbindung an Erzengel Metatron (6:15)*
5. *Rückkehr der Gesundheit deines physischen Körpers (6:30)*
6. *Transformation von negativen Grundinformationen (9:17)*
7. *Erschaffung deiner neuen Realität durch eine Zahlenkombination (6:45)*
8. *Heilung der weiblichen Anteile in deinem System (7:06)*

9. *Schutz und energetische Harmonisierung deines Zuhauses (5:43)*
10. *Wiederanbindung an lichtvolle Naturwesen (8:55)*
11. *Affirmation zur Aufhebung aller Belastungen in dir (5:28)*
12. *Abschließende Worte von Mutter Erde (5:31) – eingesprochen von Pavlina*

Heilung durch die kosmische Energie der Zentralsonne

Lichtbotschaften von den Plejaden (Übungs-CD 7)
78 Minuten, ISBN 978-3-95447-447-9,
Musik von Sayama, gehört zu Buch 6

1. *Die Seele eurer Sonne meldet sich zu Wort (9:18) – eingesprochen von Pavlina*
2. *Erhöhung des Lichts in deinem Herzen (10:39)*
3. *Anbindung an die Bewusstseinsebene der Plejader (3:36)*
4. *Wie du dein Unterbewusstsein von Belastungen befreist (7:38)*
5. *Positive Umprogrammierung einer physischen Krankheit (4:51)*
6. *Befreiung von Belastungen nach einer Narkose (5:42)*
7. *Heilung deines Herzens und deines Seins (10:26)*
8. *Anbindung an das Reich der Delfine (4:24)*
9. *Anbindung an die Frequenz von Lemurien (4:47)*
10. *Lemurische Meeresklänge (4:56) – Reiner Klang, nur auf dieser CD*
11. *Wir bewundern jeden Einzelnen von euch (6:22) – eingesprochen von Pavlina*
12. *Wir danken euch für euer Vertrauen (4:38) – eingesprochen von Pavlina*

Heilung von Körper, Geist und Seele in der Neuen Zeit

Lichtbotschaften von den Plejaden (Übungs-CD 8)
79 Minuten, ISBN 978-3-95447-454-7,
Musik von Sayama, gehört zu Buch 7

1. *Allgemeines über die Kosmische Apotheke (5:59) – eingesprochen von Pavlina*
2. *Anleitung für die Übertragung von Präparaten (6:35)*
3. *Empfehlung der Kosmischen Apotheke für Tiere (3:44)*
4. *Programmierung von Wasser für dein Lieblingstier (7:03)*
5. *Meditation zur energetischen Unterstützung von Mutter Erde (12:18)*
6. *Meditation zur Anhebung deines spirituellen Bewusstseins (9:13)*
7. *Affirmation zur Erlangung deiner kosmischen Freiheit (7:18)*
8. *Reinigung aller Chakren und energetische Fixierung (7:52)*
9. *Stabilisierung und energetische Reinigung deines Systems (12:02)*
10. *Ihr seid die Schöpfer dieser Welt! (6:44) – eingesprochen von Pavlina*

Dies ist die offizielle Übungs-CD zur Kosmischen Heilapotheke.

Gnade Gottes und Beistand für Seelen, Familie und alle Kinder der Welt

Lichtbotschaften von den Plejaden (Übungs-CD 9)
79 Minuten, ISBN 978-3-95447-569-8,
Musik von Sayama, gehört zu Buch 8

1. *Gnade Gottes – das hellblaue Heilungslicht (6:15) – eingesprochen von Pavlina*
2. *Aufnahme der Gnade Gottes in dein System (5:40)*
3. *Affirmation zu deiner energetischen Stärkung in dieser Zeit (4:08)*
4. *Meditation für die umfassende Stabilität und energetische Reinigung deines Systems (13:35) – eingesprochen von Pavlina, nur hier auf CD*
5. *Allgemeines zur übergeordneten Seele deiner Familie (5:23)*
6. *Verbindung mit der übergeordneten Seele deiner Familie (17:57)*
7. *Heilsames Wissen über die Situation der Kinder (5:50) – eingesprochen von Pavlina*
8. *Meditation für alle Kinder des Planeten Erde (8:27) – eingesprochen von Pavlina*
9. *Orellas Botschaft: Auch an deiner Seite sind Lichtwesen (5:27)*
10. *Kontakt zu Engeln der positiven Zukunft (4:36) – eingesprochen von Pavlina*
11. *Lichtheilung durch die Plejader (1:06) – Reiner Klang, nur auf dieser CD*

Dein Weg zum Erwachen im Licht der Freiheit

Lichtbotschaften von den Plejaden (Übungs-CD 10)
78 Minuten, ISBN 978-3-95447-574-2,
Musik von Sayama, gehört zu Buch 9

1. *Grußworte der Plejaderin Orella (4:10)*
2. *Herzöffnung durch die Affirmation der Liebe (2:26)*
3. *Umprogrammierung deines Herzens auf Freude (13:34)*
4. *Kontaktaufnahme mit den kosmischen Farbwesen (5:21)*
5. *Befreiung von belastenden energetischen Verträgen (24:39)*
6. *Ausstieg aus niedrigschwingenden Dimensionen (8:33)*
7. *Anhebung der Lichtschwingung deines Körpers (5:00)*
8. *Affirmation zur Anbindung an das Göttliche (4:39)*
9. *Fixierung des neuen Energiezustands (4:53)*
10. *Abschließende Worte des Mediums (5:07)*

Erstmals sind alle Beiträge von Pavlina selbst eingesprochen.

Alle hier aufgeführten CDs von Pavlina Klemm und ihren Freunden sind sofort lieferbar auf **www.AmraVerlag.de**. Sie alle sind dort im **AMRA Shop** auch als Download erhältlich, ebenso wie die Hörbücher und eBooks.

Bestell-Hotline: +49 (0) 61 81–18 93 92
Service: Info@AmraVerlag.de
Deutschland & Österreich ab 18 € versandkostenfrei!

Weitere Veröffentlichungen von Pavlina Klemm

1. Kartensets

Lichtbotschaften von den Plejaden
44 Energiekarten für jeden Tag • 128 Seiten
Begleitbuch mit Übungen und Affirmationen
ISBN 978-3-95447-570-4

»Wir, deine plejadischen Begleiter, können dir helfen, dein ganz persönliches Feld der Heilung aufzubauen. Aktiviere die Karten mit unserer Hilfe. Ziehe für dich oder andere die aktuelle Botschaft. Mache die dazugehörige Übung, sprich die Affirmation und nutze die Karte, mit der du energetisch verbunden bist, auf vielfältige Weise. Stärke durch sie deine Anbindung und lass die Heilfrequenzen zu dir strömen.«

Heilsymbole & Zahlenreihen 1
44 Karten zur Plejadenheilung • 112 Seiten
Begleitbuch mit Übungen und Meditationen
ISBN 978-3-95447-376-2

»Wir, deine plejadischen Begleiter, sind sehr dankbar dafür, dass du dich mithilfe dieses Kartensets selbst heilst. Du hältst hiermit die materialisierte, manifestierte Energie von Symbolen, Zahlenreihen und Affirmationen in Händen. Durch dein Heilen hilfst du anderen Menschen, und es gelingt dir leichter und schneller, dich in der fünften Bewusstseinsdimension zu verankern. Vertraue bei dieser Arbeit auf deine Intuition.«

Heilsymbole & Zahlenreihen 2
44 Karten zur Plejadenheilung • 144 Seiten
Begleitbuch mit Übungen und Meditationen
ISBN 978-3-95447-579-7

»Wir, deine plejadischen Begleiter, sind überglücklich, dir und deinen Liebsten weitere Symbole, Zahlenreihen und Übungen übergeben zu dürfen, die unser Medium teilweise eigens für dieses neue Kartenset gechannelt hat. Gleichzeitig versammelt es alle hilfreichen Werkzeuge, die seit dem ersten Set für Bücher, CDs und Veranstaltungen entstanden sind. Es trägt energetisch den Beginn der Neuen Zeit, in den ihr liebevoll eintreten dürft.«

2. Weitere Bücher

Außer den Plejadenbüchern ist noch erschienen:

Heilsymbole & Zahlenreihen 1
Arbeitsbuch der Plejadenheilung
208 Seiten • Vorwort von Jeanne Ruland
ISBN 978-3-95447-580-3

Enthält das vollständige Arbeitsmaterial aus den ersten sechs Büchern und physischen Veranstaltungen des Mediums, das mit Heilsymbolen und Zahlenreihen zusammenhängt – und es kann ohne jede Vorkenntnis eingesetzt werden!

Heilsymbole & Zahlenreihen 2
Arbeitsbuch der Plejadenheilung
224 Seiten • mit Anleitung zum Channeln
ISBN 978-3-95447-577-3

Enthält das Material aus den neuen Plejadenbüchern und CD-Booklets, das seit Band 1 entstanden ist. Es umfasst mehr als dreißig Symbole und Zahlenreihen mit den dazugehörigen Übungen, von denen viele hier erstmals erscheinen!

3. Weitere CDs

***Teil 1:** Von Pavlina ausnahmslos selbst eingesprochene Übungen und Meditationen.*

Selbstliebe. Zur Heilung auf allen Ebenen
Der plejadische Schlüssel für die Reinheit deines Herzens
159 Minuten, 2 CDs, ISBN 978-3-95447-375-5
Musik von Sayama, aus den Workshops entstanden

CD 1: Begrüßung durch die Plejader (5:44) • Bevor du anfängst … Erdung! (5:59) • Du darfst dir selbst vergeben (3:15) • Vorbereitung auf das Ritual (4:56) • Übung: Das Vergebungsritual (7:59) • Vergebung und Selbstvergebung (2:30) • Die Bedeutung deiner Eltern für dich (3:14) • Aktivierung deiner Handchakren (3:21) • Energetische Arbeit mit deinen Eltern (9:56) • Der Zugang zu deinem inneren Kind (3:18) • Arbeit mit deinem inneren Kind (11:55) • Rückkehr in deine Kindheit (2:57) • Arbeit am Halschakra … Frieden! (8:08) • Hilfsmittel für die Arbeit am Herzchakra (5:57)

CD 2: Arbeit am Herzchakra … reine Liebe! (11:00) • Kleine Einführung in die Quantenheilung (2:29) • Transformiere, was deine Selbstliebe blockiert (15:46) • Näheres zur Integration positiver Frequenzen (2:27) • Integration positiver Frequenzen in dein System (21:26) • Energetische Arbeit für deinen Körper (6:42) • Allgemeines zum energetischen Schutz (3:01) • Lichtdusche und energetischer Schutz (6:14) • Schlussworte der Plejader (4:12) • Nachwort des Mediums (5:08) – *mit einem Heilsymbol im Booklet*

Energetischer Schutz und Rückkehr der Gesundheit deines Körpers

Geführte Meditationen mit Botschaften der Plejader
79 Minuten, ISBN 978-3-95447-385-4
Musik von Sayama, gehört zu Buch 5 und 6

Enthält: Begrüßung der Plejader (2:39) • Erlaubnis und Absicht (4:27) • Du erteilst die Erlaubnis (4:38) • Affirmation zur Heilung (2:38) • Du sprichst die Affirmation (7:49) • Rückkehr der Gesundheit (5:23) • Du führst die Übung aus (2:44) • Ehrung deines Körpers (4:10) • Du segnest deinen Körper (6:41) • Erreger im menschlichen Körper (6:18) • Erklärung des Heilsymbols (8:30) • Du leitest die Erreger aus (13:24) • Schlussworte der Plejader (1:49) • Heilfrequenzen von Sayama (7:51) – *Reiner Klang, nur auf dieser CD; mit einem Heilsymbol im Booklet*

Heile deine Chakren. Reinigung für das Große Erwachen

Anleitungen der Plejader zur Klärung deiner Energiefelder
158 Minuten, 2 CDs, ISBN 978-3-95447-499-8
Musik von Sayama, gehört zu Buch 7

CD 1: Einführung der Plejader (4:28) • Aktivierung deiner Handflächen (7:08) • Die Lichtchakren unter deinen Füßen (10:52) • Heilung deines Wurzelchakras (11:14) • Heilung deines Sakralchakras (16:26) • Heilung deines Solarplexus-Chakras (12:55) • Heilung deines Herzchakras (15:36)

CD 2: Heilung deines Halschakras (16:00) • Heilung deiner Ohrenchakren (17:50) • Das Chakra deines Dritten Auges (16:30) • Heilung des Kronenchakras (13:35) • Die Lichtchakren über deinem Kopf (14:58) – *mit neuem Heilsymbol im Booklet*

Neuanbindung der Seele. Rückholung verlorener Anteile

Energetische Heilarbeit mit Unterstützung der Plejader
159 Minuten, 2 CDs, ISBN 978-3-95447-549-0
Musik von Sayama, gehört zu Buch 8

CD 1: Einleitende Worte der Plejader (11:53) • Gruppenübung: Neuanbindung der Seele (18:12) • Deine Seelenanteile bei deinen Schutzengeln (2:15) • Neuanbindung der Seele mithilfe deiner Schutzengel (8:43) • Übermittlung der plejadischen Zahlenreihe 57819 (4:38) • Loslassen von Belastungen aus dem System deiner Seele (5:05) • Loslassen von Belastungen aus dem System deines Geistes (4:06) • Loslassen von Belastungen aus dem System deines Körpers (3:59) • Loslassen von Belastungen aus dem System deines Energiekörpers (4:06) • Stabilisierung deines Systems durch die Übung »Lichtfontäne« (4:15) • Aktivierung der lichtvollen Kraft deines Herzens (11:44)

CD 2: Anbindung an die kosmische weibliche und männliche Kraft (8:57) • Verstärkung der Schwingung der Liebe in deinem System (7:18) • Verstärkung der Schwingung des Schutzes in deinem System (4:24) • Affirmation und Segnung zur Gesundung deines Geistes (7:51) • Affirmation für ein bewusstes Sein im Hier und Jetzt (5:57) • Heilung, Regeneration und Schutz durch die Zahlenreihe 4374 (6:10) • Meditation zur Frequenzheilung durch die göttliche Quelle (15:57) • Die Zahlenreihe des Erinnerns – 34345781 (6:29) • Anbindung an die plejadischen Heilfrequenzen (4:37) • Aufnahme der Lichtfrequenzen deiner positiven Zukunft (4:27) • Abschließende Worte der Plejader (6:38) – *mit neuem Heilsymbol im Booklet*

Channeln lernen unter Einbezug der 5. Herzkammer
Deine Anbindung über den heiligen Herzensraum
78 Minuten, ISBN 978-3-95447-681-7
Musik von Sayama, gehört zu Buch 9

Enthält: Begrüßung durch Vilalata (6:56) • Mache dich mit den Symbolen vertraut (3:56) • Erdung und Schutz durch das Erdsymbol (1:47) • Informationsfluss durch das Sonnensymbol (2:03) • Aktivierung der Zirbeldrüse durch das Sonnensymbol (5:40) • Kontaktaufnahme mit Unterstützung der Zirbeldrüse (3:19) • Die göttliche Quelle befindet sich in deinem Herzen (4:23) • Der Heilige Raum des Herzens ist der Schlüssel zu Allem (6:15) • Dein Herz ist der Ausdruck der göttlichen Intelligenz (3:01) • Affirmation für den Herzenskontakt mit Lichtwesen (4:39) • Deine erste Kommunikation mit Lichtwesen (3:56) • Deine ganz persönliche Channeling-Übung (28:30) • Vilalatas Wünsche für deinen Erfolg (3:26) – *mit neuem Heilsymbol im Booklet*

Sonnenklang. Lichtheilung durch die Plejader
Energiereiche Musik zur Anbindung an unsere Sonne
79 Minuten, ISBN 978-3-95447-508-7

Bezauberndes Klangfeld auf der Grundlage des Sonnentons, komponiert von Sayama, gechannelte Meditationen und ein neues Heilsymbol von Pavlina im Booklet.

Die Blume des Lebens
Eine Botschaft der Plejader mit geführter Meditation
44 Minuten, ISBN 978-3-95447-427-1
Musik von Michael Reimann, gehört zu Buch 5

Enthält: Die Blume des Lebens (14:03) • Geführte Meditation (7:30) • Heilsame Harmonien (22:27) – *Reiner Klang, nur auf dieser CD*

Die folgenden drei CDs mit Meditationen aus den Workshops von Pavlina Klemm sind nicht im Handel erhältlich, sondern nur auf www.AmraVerlag.de:

Heilung des Herzens
78 Minuten, keine ISBN; Musik von Sayama

Enthält: Energetische Reinigung des Herzens (12:03) • Bewusstes Abgeben störender Programme und Negativitäten sowie Programmierung der positiven Zukunft (27:07) • Heilung verlorener Seelenanteile (28:19) • Erdung durch die Kraft und schützende Frequenz von Gaias Seele (10:16)

Anbindung an die Lichtwelt
78 Minuten, keine ISBN; Musik von Sayama

Enthält: Anbindung an die Lichtwelt und die Lichtwesen (19:37) • Befreiung deiner Thymusdrüse (19:43) • Befreiung des Chakras deines Dritten Auges (11:09) • Energetischer Schutz für dein ganzes Sein (12:56) • Wiederanbindung an die DNA (14:14)

Anbindung an Gaia

78 Minuten, keine ISBN; Musik von Sayama

Enthält: Anbindung an Gaia (18:26) • Programmierung deines Kristalls (12:56) • Anbindung deines inneren Kindes an das Reich der Delfine (25:37) • Energetische Arbeit für Mutter Erde (20:54)

***Teil 2:** Die Heilmusik auf den folgenden CDs wurde gechannelt mit Unterstützung der Plejader, das jeweils achtseitige Booklet enthält Hintergrundinfos und Meditationsanleitungen von Pavlina.*

ONITANI & Pavlina Klemm

Intergalaktische Verbindung. Lichtkanal Plejaden

Kontaktaufnahme und Erhöhung der Schwingungsenergie

45 Minuten, ISBN 978-3-95447-360-1; ein durchgehendes Klangfeld für Meditation, Energiearbeit, Behandlungen und Raumreinigung.

Michael Reimann & Pavlina Klemm

Chakren Aktivierung [8 Solfeggio-Frequenzen]

Heilmusik zur Reinigung und Stärkung der Energiezentren

73 Minuten, ISBN 978-3-95447-370-0; acht aufbauende Kompositionen für Meditation, Energiearbeit, Behandlungen und Raumreinigung.

Michael Reimann & Pavlina Klemm

Leber Aktivierung [Liebesschwingung 528 Hertz]

Reinigende Klänge mit der Organfrequenz zur DNA-Reparatur

74 Minuten, ISBN 978-3-95447-498-1; drei Kompositionen zur Reinigung, Anregung und Unterstützung der Leber bei Meditationen und jeder Art von Energiearbeit.

Michael Reimann & Pavlina Klemm

Kolloidales Germanium [Rife & Solfeggio]

Heilmusik zur Zellregeneration und Stärkung des Immunsystems

74 Minuten, ISBN 978-3-95447-680-0; drei Kompositionen mit Meditationsanleitungen und Channeling der Plejader sowie einem neuen Heilsymbol im Booklet.

Michael Reimann & Pavlina Klemm

Kolloidales Magnesium [432 Hertz]

Stärkende Klänge für Herz, Kreislauf und Nerven

76 Minuten, ISBN 978-3-95447-215-4; ein durchgehendes Klangfeld mit Kurzfassung zur Meditation mit Botschaft und Anleitungen der Plejader im Booklet.

Michael Reimann & Pavlina Klemm
Kolloidales Platin [Alpha Flow Antiviral]
Für Gewebe, Thymus, Endokrine und geistige Anbindung
76 Minuten, ISBN 978-3-95447-437-0; zwei 30-minütige Klangfelder plus Kurzfassung zur Meditation mit Botschaft und Anleitungen der Plejader im Booklet.

Michael Reimann & Pavlina Klemm
Kolloidales Silizium [528 Hertz & Sauerstoff]
Mentale Stärkung und Aktivierung der Kristallsonne im Herzen
79 Minuten, ISBN 978-3-95447-647-3; drei Kompositionen mit Meditationsanleitungen und Channeling der Plejader sowie einem neuen Heilsymbol im Booklet.

Michael Reimann & Pavlina Klemm
Freude [Solfeggio Heilmusik 396 Hertz]
Angst und Schuldgefühle loslassen, positive Gedanken fördern
72 Minuten, ISBN 978-3-95447-686-2; drei Kompositionen mit Meditationsanleitungen und Channeling der Plejader im Booklet über die heilsame Wirkung der Klänge.

***Teil 3:** CDs mit Meditationen und Übungen anderer Heiler, die Pavlina durch selbst eingesprochene Beiträge unterstützt hat.*

Eva Marquez & Pavlina Klemm
Heilungscode der Plejader [Übungs-CD 1]
Aktivierung atlantischer Schwingungen und des Seelensymbols
78 Minuten, ISBN 978-3-95447-384-7
Track 5: »Die Menschheit darf heilen!« (Nachwort)

Eva Marquez & Pavlina Klemm
Heilungscode der Plejader [Übungs-CD 2]
Meditationen zur kosmischen Liebe und Heilung der Zeitlinien
78 Minuten, ISBN 978-3-95447-388-5
Track 1: »Liebe ist das Wichtigste, was es gibt!« (Vorwort)

Eva Marquez & Pavlina Klemm
Heilungscode der Plejader [Übungs-CD 3]
Selbstheilung und Anbindung deiner außerirdischen Seelenanteile
79 Minuten, ISBN 978-3-95447-392-2
Track 7: »Deine außerirdischen Anteile« (Nachwort)

Eva Marquez & Pavlina Klemm
Seelenheilung und energetischer Schutz
Anleitungen der Plejader zur Durchlichtung mit kosmischer Liebe
78 Minuten, ISBN 978-3-95447-381-6
Track 1: »Kosmische Liebe durchleuchtet jegliche Existenz auf der Erde« (gechannelte Botschaft der Plejader)

Drunvalo Melchizedek, Daniel Mitel & Pavlina Klemm
Lebe im Licht deines Herzens
Geführte Meditationen für den Zugang in den heiligen Raum
78 Minuten, ISBN 978-3-95447-371-7
Track 13: »Geh in den unendlichen Raum des Herzens« (Nachwort)

Barbara Marciniak & Pavlina Klemm
Schlüssel zum Wissen der Erde
Geführte Energieübungen der Plejader
79 Minuten, ISBN 978-3-95447-548-3
Track 7: »Tipps und Ratschläge für deine Stabilität« (exklusiv eingesprochener Beitrag)

Alle hier aufgeführten Übungs-CDs und Heilmusiken liegen im AMRA Shop auch als Audio Sets für den Download vor.

Alle neun Bücher der Plejadenreihe liegen im AMRA Shop auch als eBook und Hörbuch auf CD sowie zum Download vor.

Pavlinas Bühnenauftritt beim Channeling-Kongress
Transformation gemeinsam erleben
Botschaften der Plejader und weiterer Lichtwesen
Doppel-DVD, Wendecover, 368 Minuten Laufzeit
ISBN 978-3-9544-740-42; 19,99 €, bei uns nur 9,99 €

Und wer Pavlina Klemm gern live im Channeling erleben möchte, hat hier die einmalige Möglichkeit: Ihr imposanter Bühnenauftritt wird ergänzt durch Auftritte von Varda Hasselmann, Bettina Büx, Siglinda Oppelt, Sayama und anderen. Insgesamt 6,5 Stunden!